Angelina Schulze und Andrea Rosenthal

Kartenlegen ausführlich erklärt – Lenormand-Legung mit psychologischer Deutung zum Thema Blockaden und Loslassen

Band 11 zur Königsklasse Kartenlegen lernen mit den Lenormandkarten

Bibliografische Information der Deutschen Nationalbibliothek
Die Deutsche Nationalbibliothek verzeichnet diese Publikation in der Deutschen Nationalbibliografie; detaillierte bibliografische Daten sind im Internet über http://dnb.d-nb.de abrufbar.

Umschlaggestaltung mit der Idee dazu: Angelina Schulze

Umschlagbilder: © 2017 Artdesign Osorio

Autoren des Buches:
© 2017 Angelina Schulze und Andrea Rosenthal

Layout und Satz des Buches: Angelina Schulze

Illustrationen: Angelina Schulze

Korrekturlesen: Daniela Jungmeyer

Verlag:

Angelina Schulze Verlag
Vor dem Walde 9
38268 Lengede

Schulze-Verlag@gmx.de
www.angelina-schulze.com

1. Auflage April 2017

ISBN: 978-3-943729-53-5

Inhaltsverzeichnis

Einleitung

In diesem Buch geht es weiter mit den Spezialdeutungen in den Lenormandkarten und zwei besonderen Legungen, die für einen selbst und in der Lebensberatung sehr spannend und informativ sein können.

Blockaden und Loslassen!

Hat nicht jeder das Gefühl, sich blockiert zu fühlen und nicht weiterzukommen? Wie wertvoll ist es da, mit den Lenormandkarten zu ergründen, warum die Blockade entstanden ist und welche Möglichkeiten es gibt, alles wieder ins Fließen zu bringen. Für diese wichtigen Erkenntnisse ist die Legung „Blockade“ hilfreich, zeigt sie doch ganz genau, wo der „Hase im Pfeffer liegt“.

Und oft bedarf es noch eines weiteren Schrittes. Denn es wird auch wohl möglich wichtig, Dinge loszulassen, die nicht mehr gut für einen sind, ja sogar einen wichtigen Entwicklungsschritt sabotieren. Wie wertvoll es ist, hinter die Kulissen zu schauen und mithilfe der Karten und deren psychologischer Bedeutung in diesem Buch, für sich selbst und für andere wichtige Impulse zu erhalten.

Mit der vertiefenden 9er-Legung von Angelina Schulze ist es für jeden möglich, hier wichtige Antworten zu erhalten und sich selbst und andere auf dem spirituellen Weg zu unterstützen. Vertraue deiner Intuition, die dir die richtige Deutungsmöglichkeit zeigt, die in diesem Buch entsprechend der Position der Karten nachzulesen ist. Dadurch zeigt sich eine Wahrheit, die dir dafür nützlich sein wird, Blockaden aufzulösen und Situationen oder Menschen loszulassen, die deiner Entwicklung im Wege stehen. Wir wünschen dir viele Aha-Erlebnisse und Einsichten mit diesen beiden vertiefenden Legungen „Blockade“ und „Loslassen“.

Die Texte sind sowohl von Angelina und Andrea geschrieben und zeigen mit den vielen Beispielen einen bunten Mix an Fragen und Deutungsmöglichkeiten an. Da das Kartenlegen für uns etwas sehr Persönliches ist, weil man ja dem Leben des Ratsuchenden in die Karten schaut, bevorzugen wir beide das „Du“ als Anrede. So möchten wir dich, lieber Leser, liebe Leserin, mit einem freundschaftlichen „Du“ anreden.

So begleiten dich unsere Worte und Ideen in diesem Buch für eine gewisse Zeit und werden dich hoffentlich dazu inspirieren, noch mehr Freude und Erfolg beim Legen der Lenormandkarten in dein Leben einziehen zu lassen.

In diesem Sinne wünschen wir dir viele AHA-Effekte im Zuge dieses Buches.

Angelina Schulze & Andrea Rosenthal

PS: Über ein Feedback zum Buch würden wir uns sehr freuen. In unseren Facebook-Profilen bzw. auf unseren Fanpages kannst du gern kommentieren, liken und teilen. Unsere Erreichbarkeit findest du hinten im Buch bei der Kontaktmöglichkeit. Gern auch als Rezension auf Amazon das Buch bewerten. So ist es besonders hilfreich für uns und andere interessierte Leser, da durch Feedback von Kunden eine Kaufentscheidung für andere halt leichter fällt.

Hinweis zum verwendeten Kartendeck:

Die Kartenabbildungen stammen aus dem Kartendeck von Angelina Schulze:

Lenormandkarten Königsklasse
EAN: 4280000292797
18,95 €

Diese gibt es zusätzlich als Beginnerkarten mit Deutungstexten auf den Karten:

Lenormandkarten Königsklasse mit Deutungshilfe
EAN: 4280000292575
19,95 €

Im Onlineshop und auf Angelinas You-Tube-Kanal „Kartenlegenlernen123“ sind noch mal alle Kartenmotive in einem Video zu sehen.

Tipp zu den Deutungen der Lenormandkarten

Eine ausführliche Deutung jeder Karte findest du in Band 1 zu den Lenormandkarten:
ISBN 978-3-943729-00-9

Einen weiteren Deutungsansatz sowie die Möglichkeit der vertiefenden Deutung findest du in Band 5 zu den Lenormandkarten – Noch mehr Deutungsmöglichkeiten:
ISBN: 978-3-943729-04-7

In diesem Buch (Band 11) geht es um die speziellen Deutungen zur Thematik „Blockaden und Loslassen“ und den psychologischen Deutungsansatz in den Lenormandkarten und die dazugehörigen Legungen mit Beispielen zum leichteren Nachvollziehen und Mitdeuten bzw. als Anregung zum Nachmachen.

Hier noch kurz ein Tipp zur allgemeinen Deutung der Karte, den du auch als Ergänzung zu meinem Lenormandbuch Band 1 betrachten und in Band 5 ausführlich nachlesen kannst:

Tipp – Fragen, die du dir beim Deuten der Karte stellen kannst:

- Stell dir vor, du bist selbst auf der Karte oder gehst in deiner Vorstellung mal dort hinein.
- Was kann man auf dieser Karte alles erkennen, was bedeutete es früher und, vor allem, was bedeutet es in der heutigen Zeit?
- Wie fühlst du dich dort?
- Was kannst du tun oder nicht tun?
- Ist noch jemand anders dort?

Diese Vorgehensweise und die Beantwortung der Tipp-Fragen kannst du auf Video in meinem Blog sehen:

www.kartenlegenlernen.info

oder in Band 5 in schriftlicher Form.

Deutungsmöglichkeiten zu den psychologischen Legungen „Blockade“ und „Loslassen“

Auch hier geht es um das vertiefende Deutungssystem, das sowohl in der kleinen als auch in der großen Legung Anwendung findet. Wie es ganz genau auch bei anderen Deutungsfragen funktioniert, habe ich (Angelina) ja bereits ausführlich in meinem Band 5 zu den Lenormandkarten erklärt. Hier geht es nun ausschließlich um die Spezialthemen Blockade und Loslassen, wo dieses Deutungssystem aber in leicht modifizierter Form eingesetzt wird. Wie genau, das zeige ich dir erst mal mit dem Legesystem an sich und dann weiter hinten im Buch noch mit vielen Beispielen dazu – von mir und auch Andrea gedeutet.

1	2	3
4	X	5
6	7	8

In einer extrakleinen Legung ist X die Startkarte, die verdeckt gezogen wird. Bei einem vorher festgelegten Thema (z. B. Blockaden in der Liebe oder was im Beruf loszulassen) kommt der Deutungsaspekt der Karte entweder helfend oder störend zur Thematik dazu. Wird hingegen kein Thema vorher festgelegt, so zeigt die Karte in der Blockadenlegung dann an, wo gerade die Blockade sitzt, oder in der Legung zum Loslassen, welches Thema genau nun beim Loslassen dran ist. Bevorzugt nennt man aber das Thema, worum die Legung deuten soll und die Karte in der Mitte beschreibt dann das Thema nur genauer. Die zweite Variante, das Thema offen zu lassen, findet eher beim Deuten in der großen Tafel seine Anwendung.

In der großen Tafel ist X die Themenkarte, um die du deuten möchtest. Beim Thema Blockade würdest du dann also beim Berg schauen. Beim Thema Loslassen würdest du bei der Hand deuten (vorausgesetzt, du legst mit den 40 Karten aus). Für alle, die nur mit 36 Karten legen wollen, muss vorher eine Ersatzkarte für das Thema

Loslassen ausgewählt bzw. festgelegt werden. Es könnten alternativ ggf. die Mäuse sein, wobei ich die eigentlich lieber für die Angstthematik freilassen würde. Von daher klare Empfehlung: Lege mit 40 Karten aus, wenn du im großen Bild auch die Spezialthemen Blockade und vor allem das Loslassen deuten willst.

Vorm Mischen und Auslegen der Karten entscheide, ob die Themenkarten für die normale Lebensberatung verwendet werden oder ob du im großen Blatt auch die Blockaden oder Loslassen-Themen durchleuchten willst.

Generell empfehle ich eher, die Blockade themenspezifisch nur mit der kleinen Legung zu machen, da dies eindeutiger ist und auch alle Karten um das jeweilige Thema liegen können, während es bei einem Gesamtüberblick damit schon schwieriger wird. Also besser nur ein Thema mit einer kleinen Legung abfragen und ggf. danach die nächste kleine Legung zum nächsten Thema machen, wie z. B. im Anschluss noch die Legung zum Loslassen. Denn gerade, wer Blockaden hat, möchte vielleicht im nächsten Schritt noch mehr oder tiefer erfahren, wie er loslassen kann oder was genau losgelassen werden will.

In der kleinen Legung hast du immer alle 8 Positionen in der Legung, denn im großen Bild könnten der Berg oder die Hand ja auch am Rand liegen und dann würden wichtige Positionen für die Deutung fehlen oder du müsstest mit einem zweiten Kartendeck noch Karten anlegen, um diese Positionen zu ergänzen.

Der Vollständigkeit halber hier zunächst noch der Hinweis, wie diese Deutungen entstanden sind, falls du meine Vorgängerbücher noch nicht kennst:

Zum einen aus den Fragen von meinen Schülern im Seminar zum Kartenlegen lernen und zweitens in Anlehnung an meine bisherige Deutungsweise im großen Bild. Wer meinen Band 2 „Kartenlegen ausführlich erklärt – Die große Tafel“ kennt, der weiß, wie ich die Zeitlinien im großen Bild deute.
Ich lese ein Kartenbild grundsätzlich wie ein Buch. Es handelt sich hier halt um ein Bilderbuch, wo ich den Bildern von links nach rechts folge und dann auch von oben nach unten. Das bedeutet, dass die neuen Informationen (also die Zukunft) immer rechts und nach unten zu deuten sind. Alles, was ich schon kenne, also die Vergangenheit, ist links davon. Dabei ist der Ausgangspunkt immer die fragende Person.

Über der fragenden Person sind die Gedanken, also das, was gerade im Kopf herumgeht. Man könnte es auch als Gegenwart bezeichnen, denn es ist momentan aktuell.
Unten ist das, worauf meine Füße stehen. So kann man hier auch eine Basis erkennen, ein Fundament, auf dem man bauen kann (links unten) und direkt darunter bzw. rechts unten ist das, worauf ich in Zukunft bauen kann.

Meine Zeitlinien gelten immer nur für die fragende Person und betreffen vom Ausgangspunkt aus (Dame oder Herr) die kompletten Reihen in der Senkrechten, Waagerechten und auch in den Diagonalen.

Bei den Themenkarten gelten diese Zeitlinien nicht. Jedoch kann man in Anlehnung an die Zeitlinien sehr wohl oben, unten, rechts und links, und somit eine Deutung für Vergangenheit, Gegenwart und Zukunft, erkennen. Die Ausgangslage, also die 8 Karten um eine Themenkarte herum, zeigen für mich den momentanen Zustand, also die derzeitige Situation an, bis zu dem Zeitpunkt, der als Zeitkarte mit dran liegt. Dann erst geht es in die Korrespondenz mit weiteren Zukunftsaussagen. Dieser Vorgehensweise bin ich nach wie vor treu, jedoch hörte ich oft von Lernenden die Frage, woran man denn erkennen kann, was nun eher zu deuten ist. Manchmal liegen ja schlechte und gute Karten an dem Thema dran. Mal wird auch eine Trennung und zusätzlich eine sichere Beziehung angezeigt. Wie soll man da das Richtige deuten? Hier setzt die vertiefende Deutung ein, die ich in meinem Lenormandbuch Band 5 mit vielen Beispielen dazu erklärt habe.

Doch zurück zu den Legungen Blockade und Loslassen.

Eine Grafik, welche die einzelnen Positionen mit ihrer leicht angepassten Deutung für die Legungen zeigt und auf deren Basis nun die Lenormandkarten gedeutet werden, zeige ich weiter hinten im Buch, wo es auch um die Beispiele und deren Deutungen geht.

Die Kartenpositionen nochmals erklärt:

Die Kartenpositionen 4 und 6 sind links vom Thema, dies betrachte ich als den vergangenen Einfluss bzw. eben das, was als Basis schon längst da ist, wobei die Karte auf Position 4 meist von der fragenden Person nicht wahrgenommen oder einfach zu wenig beachtet wird.

1	2	3
4	X	5
6	7	8

Bei der Blockade ist Position 6 somit das, was einen blockiert oder wo das Problem liegt. Beim Loslassen ist es das, woran man noch festhält.

Die Position 4 ist in beiden Legungen das, was man nicht sieht.

Die Kartenposition 1 ist für die Gedanken und Wünsche, das ist in beiden Speziallegungen auch so geblieben.

Die Kartenposition 2 bekommt die Zuordnung, was man jetzt noch braucht (da es sonst die Gegenwart ist).

Die Kartenposition 3 steht wie gewohnt für den nächsten Schritt und den Ratschlag der Karten (geistige Welt).

Die Kartenposition 5 zeigt immer die Zukunft durch eigenes Denken und Handeln an und ist beim Loslassen dafür da, um aufzuzeigen, wo man Verantwortung übernehmen soll und bei der Blockade, wo man jetzt was klären sollte.

Die Kartenposition 7 steht für die Zukunft, die von außen, also durch andere, auf einen zukommt und ist hier in beiden Legungen die Deutung, wo man Unterstützung bekommt, wo andere einem selbst helfen.

Die Kartenposition 8 ist immer die entfernte Zukunft, sprich das Ergebnis. Bei den Blockaden zeigt es die mögliche Lösung an und beim Loslassen, worin die Erleichterung liegt.

Karte 1 – Der Reiter

Etwas kommt in Bewegung, es geht vorwärts, Chancen und Angebote nutzen. Die Zügel in die Hand nehmen, aufsatteln und losreiten. Selbst aktiv werden, unterwegs sein. Selbst bestimmen, wo es hingehen soll. Kurze Entfernungen (wenige Meter oder nur wenige Kilometer). Begegnung, Treffen, Verabredung, Fahrrad, Auto oder ein Transportmittel, das schnell ist und für kurze Strecken genommen wird.

Zeitaussage: Schnell, wenige Tage.

Psychologischer Aspekt:
Sich seiner Chancen bewusst sein, selbstbewusst sein, ungeduldig, schnelle innere Dynamik haben, kurz entschlossen sein.

Legung Hand/Loslassen

Was schon da ist, woran ich festhalte oder was mich festhält (Position 6)?
Zu schnell und ungeduldig sein/ sich die Dinge nicht entwickeln lassen/ es besser wissen wollen/ schnelle Lösungen erzwingen wollen/ voreilig und unbedacht handeln/ egoistisch sein.

Legung Berg/Blockade

Was blockiert mich? Was ist das Problem (Position 6)?
Ungeduld/ zu viel auf einmal wollen/ Chancen nicht erkennen oder nutzen/ es besser wissen wollen/ egoistisch sein.

Was sehe ich nicht (Position 4)?
Dass man schnell vorankommen kann/ viel bewegen kann/ seinen Freiraum nicht nutzt/ alle Möglichkeiten bereits hat, um zu handeln/ genau weiß, wie es geht und wohin es gehen soll.

Gedanken und Gefühle zum Thema (Position 1)
Aktiv und spontan sein/ Chancen erkennen/ Angebote nutzen/ Treffen vereinbaren und sich austauschen/ sein Ziel vor Augen haben/ Wissen, was man will/ mutig loslegen.

Was brauche ich noch (Position 2)?
Die Chancen und Angebote zu nutzen/ beherzt vorangehen und handeln/ mehr Spielraum und Bewegungsfreiheit schaffen.

Der nächste Schritt, dies tun/ Ratschlag (Position 3)
Aktiv werden/ etwas unternehmen/ spontan sein/ zögere nicht, handle sofort/ nutze deine Chancen/ du hast alles, was du brauchst, um voranzuschreiten.

Legung Hand/ Loslassen

Bilanz ziehen und Verantwortung übernehmen (Position 5)
Sich aller Chancen bewusst werden/ die Angebote prüfen und sich entscheiden/ aktiv an seinem Vorankommen arbeiten.

Legung Berg/ Blockade

Dies kann man tun, um die Angelegenheit zu klären (Position 5)
Aktiv werden/ die Chancen und Möglichkeiten nutzen/ die Zügel in die Hand nehmen/ ins Handeln kommen/ sich trotz Hindernissen auf den Weg machen.

Da wird von außen geholfen, unterstützt (Position 7)
Es werden einem Chancen und Möglichkeiten gegeben/ wichtige Begegnungen und Kontakte nutzen/ sich der Dynamik der anderen anschließen.

Legung Hand/ Loslassen

Die Erleichterung, das positive Resultat des Loslassens (Position 8)
Platz für neue Aktivitäten schaffen/ die Gelegenheit beim Schopf packen/ spontan auf neue Chancen reagieren/ neuen Tatendrang spüren/ sich sicher darüber sein, wo man hinwill.

Legung Berg/ Blockade

Die Lösung der Blockade (Position 8)
Den Knoten durchschlagen und tatkräftig sein Leben in die Hand nehmen/ sich aus der Starre lösen und aktiv werden/ seine Chancen nutzen trotz Widerständen.

Karte 2 – Der Klee

Thema, um das es dabei geht: Glück, Freude, Spaß haben, Hoffnung.

Zeitaussage: In Kürze, etwa zwischen 1 bis 14 Tage. Halbiert die Zeiten anderer Karten.

Psychologischer Aspekt:
Glücksmomente zu schätzen wissen, optimistisch, zufrieden sein, lustig sein, hoffnungsvoll sein, humorvoll, lustig, glücklich, zuversichtlich, positiv.

Legung Hand/ Loslassen

Was schon da ist, woran ich festhalte oder was mich festhält (Position 6)
Die kleinen Annehmlichkeiten des Lebens zu schätzen wissen/ mit Humor das Leben nehmen/ Freude empfinden/ Spaß haben/ den Fokus auf das Positive legen/ günstige Voraussetzungen/ Hoffnung haben.

Legung Berg/ Blockade

Was blockiert mich? Was ist das Problem? (Position 6)
Alles zu leicht nehmen/ die Situation ins Lächerliche ziehen/ kurzfristiges Handeln/ zu optimistisch sein/ nur seinen Spaß wollen/ wenn man alles leicht nimmt und den Ernst der Lage nicht erkennt/ sich nur auf die Details zu konzentrieren und dabei keinen Überblick zu haben oder das große Ganze nicht zu sehen/ zu gutgläubig sein.

Was sehe ich nicht? (Position 4)
Dass das Glück von kurzer Dauer ist/ es schnell wieder vorbei sein kann/ nicht nur Spaß wichtig ist/ man zu optimistisch ist/ man sich zu schnell zufrieden gibt/ Hoffnung einem Kraft gibt/ man sich auch an kleinen Dingen erfreuen kann.

Gedanken und Gefühle zum Thema (Position 1)
Das Glück fällt einem in den Schoß/ mit Spaß und Freude bei der Sache sein/ momentane Zufriedenheit/ Hoffnung ist berechtigt/ positiv denken/ mehr Spaß im Leben haben/ sich selbst auch kleine Freuden machen und die positiven Phasen einfach genießen, auch wenn sie vielleicht nur klein oder kurzfristig sind.

Was brauche ich noch? (Position 2)
Kurzfristige und günstige Voraussetzungen/ Annehmlichkeiten, die einen unterstützen/ mehr Leichtigkeit und Freude/ Glücksmomente, die einem Kraft geben/ eine zufriedene Grundstimmung/ Hoffnung, die einen motiviert.

Der nächste Schritt, dies tun/ Ratschlag (Position 3)
Mehr Spaß und Freude ins Leben lassen/ sich klarmachen, was es alles an glücklichen Umständen im Leben gibt/ zuversichtlich und optimistisch vorangehen/ das kleine Glück zu schätzen wissen/ Hoffnungsvoll und zuversichtlich in die Zukunft blicken.

Legung Hand/ Loslassen

Bilanz ziehen und Verantwortung übernehmen (Position 5)
Sich über sein Glück im Leben klar werden/ das Glück beim Schopf packen/ für Zufriedenheit sorgen/ optimistisch den nächsten Schritt gehen/ Freude und positive Gefühle zulassen/ anderen zeigen, dass man für sein Glück selbst verantwortlich ist.

Legung Berg/ Blockade

Dies kann man tun, um die Angelegenheit zu klären (Position 5)
Sich der Freude öffnen/ mehr Spaß in sein Leben lassen/ die kleinen Fortschritte sehen/ sich nur auf das konzentrieren, was direkt vor einem liegt/ wenn sich eine gute Gelegenheit ergibt, zugreifen/ anderen zeigen, dass man glücklich ist.

Da wird von außen geholfen, unterstützt (Position 7)
Positive Ereignisse machen zuversichtlicher/ glückliche Fügungen geben mehr Leichtigkeit und Freude/ Freude entspannt die Situation/ Hoffnung durch andere gibt Lichtblicke in einer schweren Situation/ gemeinsam Spaß und Vergnügen erleben/ sich vom Lachen anstecken lassen und gemeinsame Zeit genießen.

Legung Hand/ Loslassen

Die Erleichterung, das positive Resultat des Loslassens (Position 8)
Man lernt, das kleine Glück zu schätzen/ geht mit mehr Leichtigkeit an die Angelegenheit/ stimmt sich optimistisch auf die Situation ein/ schafft mehr Zufriedenheit in sich/ man kann sich wieder dem Glück zuwenden/ lässt Freude in sein Leben.

Legung Berg/ Blockade

Die Lösung der Blockade (Position 8)
Glücksmomente wieder zu schätzen wissen/ neue Freude zu entdecken/ mehr Spaß zu empfinden/ mit Gleichmut erkennen, dass es besser wird und die Sonne wieder scheint/ optimistischer sein/ zufriedener sein.

Karte 3 – Das Schiff

Thema, um das es dabei geht: Urlaub, Reise, Ziele, Wünsche, Träume, Visionen, Geduld, es fließen lassen, abwarten können, passiv sein, die Dinge auf sich zukommen lassen.

Zeitaussage: Eine längere Zeit, langsam, ggf. mehrere Monate.

Psychologischer Aspekt: Abenteuerlustig, den Sinn suchen, Hoffnung schöpfen, innere Stärke entwickeln, sehnsüchtig, unsere Stärken entwickeln, verträumt, unrealistisch, geduldig.

Legung Hand/ Loslassen

Was schon da ist, woran ich festhalte oder was mich festhält (Position 6)
Visionen entwickeln/ sich auf die Reise machen/ sich von Sehnsucht antreiben lassen/ Streben nach Selbstverwirklichung/ Ausdauer zu beweisen/ eine Planung oder zumindest einen Gedanken an die gesteckten Ziele und Träume haben.

Legung Berg/ Blockade

Was blockiert mich? Was ist das Problem? (Position 6)
Dem Lebensfluss nicht zu vertrauen/ sich dem Fahrwasser des Lebens nicht hingeben/ zu passiv sein/ das Ziel aus den Augen verlieren, weil es so weit weg erscheint oder man sich verzettelt/ Dinge nur auf sich zukommen lassen und zu wenig tun/ zu faul sein/ sich Luftschlösser bauen und nur davon träumen/ seine Träume nicht umsetzen.

Was sehe ich nicht? (Position 4)
Sich nicht nur treiben lassen/ seinem Lebenstraum zu folgen/ die Sehnsucht als Motivation zu nutzen/ durch Passivität werden Realitäten geschaffen, die man nicht möchte.

Gedanken und Gefühle zum Thema (Position 1)
Sich dem Fluss des Lebens hingeben/ annehmen, was ist/ einen langen Atem zu beweisen/ seinen Traum zu verwirklichen/ Abenteuerlust/ Wünsche und Ziele klar definieren und sich auf den Weg machen/ wissen, was man will.

Was brauche ich noch? (Position 2)
Mehr Hoffnung auf seinem Weg/ sich auf das Abenteuer seiner Lebensreise einzulassen/ geduldig zu sein/ Hoffnung zu schöpfen/ zu wissen, man ist bereits auf dem Weg/ Ballast über Bord werfen und ggf. auch neue Segel setzen, um sich Wünsche zu erfüllen.

Der nächste Schritt, dies tun/ Ratschlag (Position 3)
Die Lebensumstände anzunehmen und seinen Idealen treu bleiben/ das Auf und Ab im Leben als Lernaufgabe zu begreifen/ alles auf sich zukommen lassen, ohne manipulieren zu wollen/ auf Pausen achten und dass man auch mal ausspannt und den Dingen (wenn es läuft) auch ihren Lauf lässt.

Legung Hand/ Loslassen

Bilanz ziehen und Verantwortung übernehmen (Position 5)
Auf seinem ganz eigenen Weg sein/ sein Ziel nicht aus den Augen verlieren, auch wenn die Geduld strapaziert wird/ unternehmungslustig und zu jedem Abenteuer bereit sein/ Vertrauen und Hoffnung in sein Ziel setzen.

Legung Berg/ Blockade

Dies kann man tun, um die Angelegenheit zu klären (Position 5)
Sich auf seine eigene Lebensdynamik besinnen/ sich selbst vertrauen und auf Kurs bleiben/ das Ruder in die Hand nehmen und sicher durch die Wogen des Lebens steuern/ ein Gleichgewicht von Aktivität und Passivität schaffen/ seiner Sehnsucht folgen/ seiner Vision folgen/ die Sinnsuche nicht aufgeben.

Da wird von außen geholfen, unterstützt (Position 7)
Gleichgesinnte teilen die Ideale/ Inspiration von anderen macht Mut/ Träume werden wahr/ ein Abenteuer oder ein lohnendes Ziel/ Urlaub und somit Entlastung durch andere.

Legung Hand/ Loslassen

Die Erleichterung, das positive Resultat des Loslassens (Position 8)
Sich dem Fluss des Lebens anvertrauen/ das Auf und Ab des Lebens zu akzeptieren/ seinen Idealen und Träumen treu bleiben/ das rechte Maß finden, zu agieren oder geschehen zu lassen/ seinem Leben einen Sinn geben/ Erholung.

Legung Berg/ Blockade

Die Lösung der Blockade (Position 8)
Erkennen, dass es eine lange Reise ist/ wieder Vertrauen und Hoffnung schöpfen/ neue Visionen und Ziele im Leben setzen/ für die eigene Lebenssituation mehr Geduld aufbringen/ das Ziel nicht aus den Augen verlieren/ Belastungen oder Zweifel über Bord werfen und die Segel neu setzen/ Dinge fließen lassen/ wissen, was man will.

Karte 4 – Das Haus

Thema, um das es dabei geht: Familie, Privatleben, Schutz, Geborgenheit, Sicherheit, sich etwas Langfristiges aufbauen, eine Basis (Fundament) erschaffen. Der Herzkönig = ein Mann, der positiv, herzlich ist oder auch ca. gleich alt wie die fragende Person. Geliebter.

Zeitaussage: Dauerhaft, langfristig, ggf. für viele Jahre.

Psychologischer Aspekt: Beharrlich sein, sich zugehörig fühlen, Zusammenhalt erleben, sich vertraut fühlen, Geborgenheit empfinden, verlässlich sein, bodenständig, selbstbewusst.

Legung Hand/ Loslassen

Was schon da ist, woran ich festhalte oder was mich festhält (Position 6)
Zu introvertiert/ sich zu Hause verstecken/ kaum unter Leute gehen/ nicht über den Tellerrand schauen/ zu sehr auf Sicherheit bedacht sein/ seine Komfortzone nicht verlassen wollen/ vertrauensvolle Umgebung/ gemütliches Zuhause/ „My home is my castle"/ der Nabel der Welt.

Legung Berg/ Blockade

Was blockiert mich? Was ist das Problem? (Position 6)
Althergebrachtes Wertesystem/ Gewohntes, was man nicht missen möchte/ Grundbedürfnisse, die nicht gesehen werden/ das Innenleben, das sich nach Stabilität sehnt.

Was sehe ich nicht? (Position 4)
Stabilität, die einem Sicherheit bietet/ ein Rückzugsort, der einem Schutz bietet/ Bedürfnisse, die man nicht erfüllt/ beharrlich seinen Werten treu zu sein/ auf sein Privatleben achten/ langfristig denken/ Zeit für die Familie einzuplanen.

Gedanken und Gefühle zum Thema (Position 1)
Schutz und Geborgenheit/ Menschen, die einen lieben und schätzen/ Privatsphäre, die einem wichtig ist und Kraft gibt/ Menschen bzw. Familie, auf die man sich verlassen kann/ stabiles Umfeld/ Sicherheit/ vertrauensvolle Umgebung/ gemütliches Zuhause.

Was brauche ich noch? (Position 2)
Schutz und Beständigkeit/ einen sicheren Ort/ Geborgenheit/ Menschen, denen man vertrauen kann/ ein Zuhause, das einem Sicherheit bietet/ Zeit für die Familie/ eine gute Ausgangsbasis schaffen.

Der nächste Schritt, dies tun/ Ratschlag (Position 3)
Eine solide Basis schaffen/ an dem Fundament seiner Lebensgrundlage, sprich seines Zuhauses, arbeiten/ seine Familie unterstützen oder als Unterstützung sehen/ bodenständig sein/ Dinge zum Abschluss bringen/ auf sein Privatleben achten/ Stabilität weiter ausbauen.

Legung Hand/ Loslassen

Bilanz ziehen und Verantwortung übernehmen (Position 5)
Sich der Geborgenheit klar werden, die einem die Familie schenkt/ das Altgewohnte als Grundlage nutzen und darauf aufbauen/ den Schutz des Zuhauses zu schätzen wissen/ gemeinsam etwas aufbauen können.

Legung Berg/ Blockade

Dies kann man tun, um die Angelegenheit zu klären (Position 5)
An der Sache oder dem Problem dranbleiben/ nicht aufgeben und weiter auf festen Grund bauen/ mehr Stabilität ins Leben bringen/ seinen Wertvorstellungen treu bleiben/ die Bodenhaftung nicht verlieren/ gefestigt sein und sich eine gute Ausgangslage schaffen.

Da wird von außen geholfen, unterstützt (Position 7)
Menschen, die einem Geborgenheit geben/ ein Zuhause, das einem Schutz bietet/ stabiles Umfeld/ Stabilität und Struktur durch den häuslichen Rahmen/ Zeit mit der Familie verbringen.

Legung Hand/ Loslassen

Die Erleichterung, das positive Resultat des Loslassens (Position 8)
Sicherheit und Schutz in seinem Leben haben/ ein Umfeld, das einen wertschätzt/ ein Ort, an dem man sich zu Hause fühlen kann/ eine Basis, die einem Geborgenheit und Stabilität vermittelt/ Zeit mit der Familie.

Legung Berg/ Blockade

Die Lösung der Blockade (Position 8)
Sich endlich zu Hause fühlen/ eine vertraute Umgebung haben/ die Hilfe des Umfeldes annehmen können/ stabilen Boden unter den Füßen haben/ ein Zuhause finden/ auf den Boden der Tatsachen finden und sie akzeptieren/ sich wieder sicher und geborgen fühlen/ ein Privatleben haben.

Karte 5 – Der Baum

Thema, um das es dabei geht: Gesundheit bzw. eine gesunde Entwicklung. Auch aufsteigen, seinen Platz einnehmen, sich ausbreiten, sich entfalten, Stabilität, Standhaftigkeit, Wachstum.

Zeitaussage: Längerer Zeitraum von 9 bis 12 Monaten.

Psychologischer Aspekt: Reif sein, kraftvoll handeln, sich erden, innere Ruhe finden, entspannt sein, bodenständig sein, sich entwickeln wollen, genesen.

Legung Hand/ Loslassen

Was schon da ist, woran ich festhalte oder was mich festhält (Position 6)
Gesundheitsfanatiker; zu viel Raum/ Platz für sich beanspruchen/ unverrückbar und zu unflexibel sein/ träge und langweilig sein/ zu still sein.

Legung Berg/ Blockade

Was blockiert mich? Was ist das Problem? (Position 6)
Das Wachstum geht einem zu langsam/ man erkennt nicht, wie die Dinge gedeihen/ man ist nicht standhaft genug/ man empfindet sich als langweilig und träge.

Was sehe ich nicht? (Position 4)
Dass es seine Zeit braucht, um zu wachsen und sich zu entwickeln/ Ruhe wichtig ist/ Langeweile eine Einstellungssache ist/ Genesung seine Zeit braucht.

Gedanken und Gefühle zum Thema (Position 1)
Etwas entwickelt sich zum Positiven/ wächst und gedeiht/ braucht noch Geduld/ positive Entwicklung; etwas hat gesunde Wurzeln/ seinen Platz schon gefunden zu haben und sich entfalten können/ sich die nötige Ruhe gönnen, wenn man sie braucht.

Was brauche ich noch? (Position 2)
Einen langen Atem/ Kraft, um weiterzumachen/ seine innere Ruhe finden/ sich mehr entspannen/ gesundheitsbewusster leben/ sich selbst und seinen Prinzipien treu bleiben.

Der nächste Schritt, dies tun/ Ratschlag (Position 3)
Auf die Gesundheit achten/ für mehr Wachstum sorgen/ sich geerdet der Realität stellen/ seinen Wachstumsprozess liebevoll begleiten/ Verantwortung für sein Leben und Wohlbefinden übernehmen/ sich selbst und seinen Prinzipien treu bleiben/ sich entfalten und sein Potenzial nutzen.

Legung Hand/ Loslassen

Bilanz ziehen und Verantwortung übernehmen (Position 5)
Sein Leben als Wachstumsprozess anerkennen/ sich nicht überfordern/ sich stetig weiterentwickeln/ alles, was dem eigenen Wachstum dient, zu nutzen/ sich mehr Erholung gönnen/ befördert werden.

Legung Berg/ Blockade

Dies kann man tun, um die Angelegenheit zu klären (Position 5)
Dem Reifeprozess die notwendige Zeit geben/ in der Ruhe liegt die Kraft/ Verantwortung für sein Leben und seine Gesundheit übernehmen/ gut für sich sorgen/ seine Lebensqualität verbessern.

Da wird von außen geholfen, unterstützt (Position 7)
Sich Heilweisen zuwenden/ Informationen über ein gesundes Leben nutzen/ sich bei seiner Gesundheit von anderen unterstützen lassen (Arzt, Heilkreis, Yoga, Selbsthilfegruppe etc.)/ aus der Natur Heilung erfahren (Homöopathie, Bachblüten, Kräuterkunde, Aromatherapie etc.)/ in der Natur Kraft schöpfen/ wissen, wo man hingehört, welchen Platz man hat.

Legung Hand/ Loslassen

Die Erleichterung, das positive Resultat des Loslassens (Position 8)
Heilung geschehen lassen/ Ruhe und Zufriedenheit finden/ entspannt dem Leben begegnen/ Kraft finden/ sein Leben in die Hand nehmen/ sich für Heilung öffnen/ sein Potenzial nutzen.

Legung Berg/ Blockade

Die Lösung der Blockade (Position 8)
Kraftvoll voranschreiten/ gut für sein Wohlbefinden sorgen/ dem Heilungsprozess eine Chance geben/ auf Vergangenes aufbauen und daran wachsen/ an den Lebensaufgaben wachsen/ das Licht am Ende des Tunnels sehen/ auf sein Potenzial vertrauen.

Karte 6 – Die Wolken

Thema, um das es dabei geht: Etwas ist undurchsichtig, schwierig, unklar, im Nebel. Schwankungen, Missverständnisse, Schwierigkeiten. Der Kreuzkönig = ein Mann, der schwierig, schwankend, launisch, undurchschaubar, unsicher ist oder auch ca. gleich alt wie die fragende Person. Rivale, Expartner.

Zeitaussage: Herbst, graue und wolkige Tage.

Psychologischer Aspekt: Desorientiert sein, sich täuschen, etwas falsch einschätzen, sich nicht trauen, undurchschaubar sein, unnahbar sein, verwirrt sein, launisch, unsicher sein.

Legung Hand/ Loslassen

Was schon da ist, woran ich festhalte oder was mich festhält (Position 6)
Die Orientierung im Leben verloren/ man lässt sich verunsichern/ man hat kein Ziel, worauf man zusteuern kann/ alles zu locker nehmen und leichtsinnig sein.

Legung Berg/ Blockade

Was blockiert mich? Was ist das Problem? (Position 6)
Nicht wissen, was man tun soll/ keine Orientierung haben/ sich nichts zutrauen/ keine Vorstellung vom Weiterkommen haben/ Schwierigkeiten, die einem zusetzen.

Was sehe ich nicht? (Position 4)
Dass der Nebel sich wieder lichten wird/ die Unsicherheit vergeht/ das innere Licht Orientierung bietet/ das Licht am Ende des Tunnels/ Möglichkeiten erkennen, wo andere vielleicht welche sehen können.

Gedanken und Gefühle zum Thema (Position 1)
Unsicherheit/ den Sinn nicht erkennen/ keinen Rat wissen/ ziellos umherirren/ Missverständnisse, die verunsichern/ Schwierigkeiten, die einem unüberbrückbar erscheinen.

Was brauche ich noch? (Position 2)
Mehr Durchblick/ Zuversicht, dass sich der Nebel verzieht/ Leichtigkeit, um die Schwierigkeiten zu bewältigen.

Der nächste Schritt, dies tun/ Ratschlag (Position 3)
Innehalten, das innere Licht finden/ sich nicht mehr vom äußeren Geschehen verunsichern lassen/ unbeschwerter durchs Leben gehen/ Unklarheiten beseitigen und Schwierigkeiten aus dem Weg räumen/ für mehr Klarheit sorgen.

Legung Hand/ Loslassen

Bilanz ziehen und Verantwortung übernehmen (Position 5)
Klarheit schaffen, wo man sich nicht festlegen wollte/ trotz Missverständnissen die Dinge angehen/ andere um Rat fragen/ sich nicht mehr täuschen lassen/ sich nicht mehr verunsichern lassen.

Legung Berg /Blockade

Dies kann man tun, um die Angelegenheit zu klären (Position 5)
Nicht mehr so unrealistisch sein/ das Zögern aufgeben und Klarheit schaffen/ sich der Angelegenheit stellen und Farbe bekennen.

Da wird von außen geholfen, unterstützt (Position 7)
Absichten anderer werden besser erkannt/ Täuschungen werden entlarvt/ der Nebel lichtet sich/ Dinge klären sich von ganz alleine.

Legung Hand/ Loslassen

Die Erleichterung, das positive Resultat des Loslassens (Position 8)
Wieder an Durchblick gewinnen/ Unklarheiten beseitigen/ trotz Verunsicherung mit der Situation umgehen/ sich der Unsicherheit stellen/ die Herausforderung annehmen.

Legung Berg/ Blockade

Die Lösung der Blockade (Position 8)
Der Nebel lichtet sich/ man erkennt, wofür es gut ist/ die zögerliche Haltung aufgeben und Tatsachen schaffen/ sich nicht mehr verunsichern lassen.

Karte 7 – Die Schlange

Thema, um das es dabei geht: Komplikationen, Verwicklungen. Herumeiern, auf der Stelle treten oder ein Schritt vor, zur Seite usw. Nur auf Umwegen, mit Schlenkern ans Ziel kommen bzw. mit Verzögerung. Auch Vorsicht, Gefahr, giftige Gedanken, giftiges Umfeld, Neid. Die Kreuzdame = eine Frau, die schwierig, kompliziert, neidisch ist oder auch ca. gleich alt wie die fragende Person. Rivalin, Expartnerin.

Zeitaussage: Etwas zieht sich hin, Verzögerung, bis zu 6 Monate.

Psychologischer Aspekt: Es kompliziert machen, sich selbst im Weg stehen, ausweichen, kritisch sein, neidisch sein, berechnend sein, verführerisch sein.

Legung Hand/ Loslassen

Was schon da ist, woran ich festhalte oder was mich festhält (Position 6)
Nicht vorankommen/ Schwierigkeiten, die einem unüberwindbar erscheinen/ Komplikationen, mit denen man nicht gerechnet hat/ auf der Stelle treten/ neidisch sein.

Legung Berg/ Blockade

Was blockiert mich? Was ist das Problem? (Position 6)
Eine vergiftete Atmosphäre/ eine Versuchung/ Komplikationen, die überwunden werden müssen/ durch Umwege ans Ziel kommen/ Verzögerungen, die nicht einkalkuliert wurden.

Was sehe ich nicht? (Position 4)
Welche Umwege notwendig sind, um ans Ziel zu kommen/ wie kompliziert sich die Situation darstellt/ welche Versuchung damit einhergeht, vom Weg abzukommen.

Gedanken und Gefühle zum Thema (Position 1)
Komplikationen/ indirekt ans Ziel kommen/ mit Verzögerungen rechnen müssen/ Umwege in Kauf nehmen/ Neid und Missgunst/ jemandem etwas nicht gönnen.

Was brauche ich noch? (Position 2)
Altes abzustreifen, wie eine Schlange ihre Haut/ mit Umwegen und Verzögerungen zu rechnen/ sich nicht vor Komplikationen zu scheuen/ zu taktieren, um das Ziel zu erreichen/ der Versuchung zu widerstehen.

Der nächste Schritt, dies tun/ Ratschlag (Position 3)
Altes loslassen/ Komplikationen als Herausforderung ansehen/ auch Umwege führen zum Ziel/ den Sinn in Verzögerungen oder Schwierigkeiten erkennen und für sich nutzen/ seine Verführungskünste einsetzen.

Legung Hand/ Loslassen

Bilanz ziehen und Verantwortung übernehmen (Position 5)
Komplikationen sind dazu da, um bewältigt zu werden und daran zu wachsen/ sich von all dem trennen, was nicht mehr zu einem gehört/ nicht immer ist der direkte Weg der Richtige/ Heilung und Transformation.

Legung Berg/ Blockade

Dies kann man tun, um die Angelegenheit zu klären (Position 5)
Sich winden und sich aus der Situation befreien/ loslassen, damit Neues ins Leben kommen kann/ Komplikationen sportlich nehmen/ Verführungen widerstehen.

Da wird von außen geholfen, unterstützt (Position 7)
Komplikationen zwingen einen dazu, neue Wege zu gehen/ durch andere zur Heilung und Transformation finden.

Legung Hand/ Loslassen

Die Erleichterung, das positive Resultat des Loslassens (Position 8)
Altes loslassen/ für Heilung öffnen/ auf Umwegen ans Ziel kommen/ Verwicklungen meistern/ sich von Neid und Missgunst befreien.

Legung Berg/ Blockade

Die Lösung der Blockade (Position 8)
Heilung erfahren/ an der Herausforderung wachsen/ den Sinn der Komplikationen erkennen und die Lektion lernen, der Knoten löst sich.

Karte 8 – Der Sarg

Thema, um das es dabei geht: Etwas ist in mir gestorben. Davon Abschied nehmen bzw. darüber nachdenken, es zu Ende zu bringen bzw. zu beenden, weil es so nicht in Ordnung ist bzw. mich traurig oder krank macht. Ein Stillstand, zurzeit geht nichts. Eine gezwungene Ruhephase. Ausruhen. Pause machen. Traurigkeit. Krankheit.

Zeitaussage: Stillstand, momentan tut sich nichts oder auch die Ewigkeit.

Psychologischer Aspekt: Sich ohnmächtig fühlen, tief traurig sein, kränkeln, in der Komfortzone verharren, faul und träge sein, sich schlapp und lustlos fühlen.

Legung Hand/ Loslassen

Was schon da ist, woran ich festhalte oder was mich festhält (Position 6)
Etwas beenden, was nicht gut für einen ist/ Stagnation/ etwas macht einen krank/ Zwangspause/ Abgespanntheit/ Krankheit/ Lustlosigkeit.

Legung Berg/ Blockade

Was blockiert mich? Was ist das Problem? (Position 6)
Stillstand/ man fühlt sich krank und schwach/ man möchte etwas beenden, was überlebt hat und nicht mehr zu einem gehört.

Was sehe ich nicht? (Position 4)
Dass die Situation einen krank macht/ man auf der Stelle tritt/ man nicht vorankommt/ man kränkelt und Ruhe braucht.

Gedanken und Gefühle zum Thema (Position 1)
Etwas ist nicht in Ordnung, macht einen krank/ etwas macht einen traurig/ man ist schlecht gelaunt/ man fühlt sich schlapp und lustlos.

Was brauche ich noch? (Position 2)
Zur Ruhe kommen/ dem Unbehagen ein Ende bereiten/ den Stillstand beenden und neue Kraft aufbauen/ seiner Krankheit die notwendige Aufmerksamkeit widmen.

Der nächste Schritt, dies tun/ Ratschlag (Position 3)
Endlich den Mut fassen etwas zu beenden, was schon lange nicht mehr in Ordnung ist/ wie Phönix aus der Asche steigen/ die Ruhepause zur Transformation der Persönlichkeit nutzen/ sich neu erfinden und aus der verfahrenen Situation lernen und sich befreien.

Legung Hand/ Loslassen

Bilanz ziehen und Verantwortung übernehmen (Position 5)
Sich Ruhe gönnen, um neue Kräfte zu mobilisieren/ erkennen, dass der Stillstand nichts Gutes bewirkt/ sich um seine Krankheit kümmern.

Legung Berg/ Blockade

Dies kann man tun, um die Angelegenheit zu klären (Position 5)
Wieder in Bewegung kommen/ beenden, was einem nicht guttut/ seiner Krankheit mehr Aufmerksamkeit schenken/ den Trauerprozess durchleben und dann neu anfangen/ sich die notwendige Ruhepause zugestehen.

Da wird von außen geholfen, unterstützt (Position 7)
Etwas hat sich totgelaufen bzw. verbraucht/ alte Mechanismen funktionieren nicht mehr/ dass, was man nicht mehr will, zeigt einem auch, was man jetzt braucht.

Legung Hand/ Loslassen

Die Erleichterung, das positive Resultat des Loslassens (Position 8)
Zeit für sich nutzen, um zu genesen/ den Transformationsprozess abschließen und wie der Schmetterling mit den Flügeln fliegen lernen/ den Stillstand beenden und sich dem Fluss des Lebens anvertrauen.

Legung Berg/ Blockade

Die Lösung der Blockade (Position 8)
Sich von Altem, das einem nicht mehr guttut, trennen zu können/ nach der Ruhephase wieder Kraft fürs Vorankommen haben/ innere Entwicklungsprozesse nach außen zu transportieren und Veränderungen zuzulassen.

Karte 9 – Der Blumenstrauß

Thema, um das es dabei geht: Etwas Schönes, etwas Angenehmes, Geschenk, Überraschung. Besuch, Einladung, Feier. Freude, Freundlichkeit, Höflichkeit, Charme, Zufriedenheit. Kreativität, einen bunten Strauß an Fähigkeiten haben. Die Pikdame = eine Frau, die älter als die fragende Person ist. Oder Mutter oder auch die Mutterrolle.

Zeitaussage: Frühling.

Psychologischer Aspekt: Sympathisch sein, romantisch sein, sich bestätigt fühlen, sich selbst verwirklichen, sich verbessern und inspirieren lassen, kreativ sein, schöpferisch, freundlich, zuvorkommend, charmant.

Legung Hand/ Loslassen

Was schon da ist, woran ich festhalte oder was mich festhält (Position 6)
Zu viele kreative Ideen/ die Leichtigkeit des Seins/ Freude/ Glück/ Geschenke.

Legung Berg/ Blockade

Was blockiert mich? Was ist das Problem? (Position 6)
Man hat seine Leichtigkeit verloren/ den Augenblick nicht genießen können/ das Glück in den kleinen Dingen nicht sehen können/ die Kreativität nicht fließen lassen können/ die Dinge zu leicht nehmen.

Was sehe ich nicht? (Position 4)
Die Geschenke des Lebens/ die Schönheit, die einen umgibt/ das Glück/ Dankbarkeit zu empfinden.

Gedanken und Gefühle zum Thema (Position 1)
Die Dinge kreativ gestalten/ Überraschungen erleben/ Freude empfinden.

Was brauche ich noch? (Position 2)
Die Fülle um einen herum wahrnehmen/ den Augenblick genießen/ sich der Freude zuwenden/ dankbar für all die Geschenke zu sein.

Der nächste Schritt, dies tun/ Ratschlag (Position 3)
Seine Talente entwickeln und nutzen/ das Leben annehmen und sich daran erfreuen/ zu seinen eigenen Fähigkeiten stehen/ kreativ mit der Situation umzugehen.

Legung Hand/ Loslassen

Bilanz ziehen und Verantwortung übernehmen (Position 5)
Die Fülle und Kreativität im Leben wahrnehmen/ sich über das Leben freuen/ sich mehr und mehr selbst zu verwirklichen/ zu erblühen/ seine Situation verbessern/ seine Talente einsetzen.

Legung Berg/ Blockade

Dies kann man tun, um die Angelegenheit zu klären (Position 5)
Sich inspirieren lassen/ auf seine Talente vertrauen/ sich der positiven Voraussetzungen klar werden und was sie an Geschenken beinhalten/ seinem Selbst Ausdruck geben.

Da wird von außen geholfen, unterstützt (Position 7)
Überraschungen und Geschenke begünstigen die Situation/ die Situation verbessert sich/ man wird von Menschen inspiriert/ man erhält Bestätigung für sein Tun.

Legung Hand/ Loslassen

Die Erleichterung, das positive Resultat des Loslassens (Position 8)
Kreativität kann sich frei entfalten/ Spaß und Freude im Leben nehmen zu/ mit seinem Leben einverstanden und im Reinen sein.

Legung Berg/ Blockade

Die Lösung der Blockade (Position 8)
Die Durststrecke ist überwunden und Fülle kommt ins Leben/ die Kreativität kann wieder fließen/ man kann wieder wahrhaftig sein in seinem Selbstausdruck.

Karte 10 – Die Sense

Thema, um das es dabei geht: Gefahr, Warnung, vorsichtig sein. Spontaneität, plötzlich, gereizt, verletzt, bedrückt, belastet. Der Karobube = erster Sohn, ab 7 Jahre. Oder auch die dritte Tochter.

Zeitaussage: Plötzlich, unerwartet.

Psychologischer Aspekt: Aggressiv sein, sich belastet fühlen, tief verletzt sein, gereizt sein.

Legung Hand/ Loslassen

Was schon da ist, woran ich festhalte oder was mich festhält (Position 6)
Ein Schicksalsschlag/ Belastungen/ Schmerz/ Aggression. Zu vorsichtig sein/ ggf. Angst vor Verletzung/ sich abgeschnitten fühlen/ an bisheriger Ernte (= Ergebnisse) festhalten.

Legung Berg/ Blockade

Was blockiert mich? Was ist das Problem? (Position 6)
Schmerz, den man noch nicht überwunden hat/ eine Situation, die einen belastet/ aggressiv zu sein/ sich verletzt zu fühlen/ nicht damit gerechnet zu haben/ es hat einen kalt erwischt.

Was sehe ich nicht? (Position 4)
Dass ein neuer Zyklus im Leben beginnt/ die Umstände einen zu einer Korrektur des Denkens oder Handelns veranlassen wollen/ alles zu seiner persönlichen Entwicklung dazugehört und für einen wichtig ist.

Gedanken und Gefühle zum Thema (Position 1)
Überraschung/ plötzliche Veränderung der Situation/ Einschnitt ins Leben/ etwas schmerzt/ etwas hat einen verletzt.

Was brauche ich noch? (Position 2)
Die Erkenntnis, dass es einem zufällt für seinen Entwicklungsweg/ sehen, wie man die Situation für sich nutzen kann – was man ernten kann/ sich aus der ersten Schockstarre zu lösen.

Der nächste Schritt, dies tun/ Ratschlag (Position 3)
Sich mit der neuen Situation abfinden und das Beste daraus machen/ sich auf die neuen Begebenheiten einstellen und neue Pläne schmieden/ den Schmerz über das Geschehene verarbeiten und nach vorne schauen.

Legung Hand/ Loslassen

Bilanz ziehen und Verantwortung übernehmen (Position 5)
Die plötzlichen und unverhofften Ereignisse zwingen einen, umzudenken/ neue Wege zu finden/ Belastungen zu erkennen und sich davon zu trennen – abschneiden mit einem sauberen Schnitt/ sich von Menschen trennen, die einem nicht mehr guttun.

Legung Berg/ Blockade

Dies kann man tun, um die Angelegenheit zu klären (Position 5)
Erkennen, was die Ernte – also die Hintergründe und Lernaufgaben in dieser Situation sind/ sich von Altem trennen, das einem nichts mehr nützt/ auch Schmerz gehört zum Leben und ist Teil unseres Lebens und sollte als solches akzeptiert werden.

Da wird von außen geholfen, unterstützt (Position 7)
Plötzliche Ereignisse kommen ins Leben/ Tiefschläge zwingen einen, flexibel zu reagieren/ schmerzvolle Beziehungen lassen uns erkennen, was wir möchten und was uns sehr belastet/ Stress treibt uns an den Rand unserer Kräfte und fordert Konsequenzen unseres Handelns.

Legung Hand/ Loslassen

Die Erleichterung, das positive Resultat des Loslassens (Position 8)
Man kann die Ernte einfahren/ die Lebenslektion, die einen so plötzlich ereilt, wird verstanden/ die Ursache erkennen und darauf reagieren.

Legung Berg/ Blockade

Die Lösung der Blockade (Position 8)
Den wunden Punkt erkennen/ Verletzungen verarbeiten/ sich aus der Schockstarre lösen und handeln/ einen Angriff abwehren/ die Situation retten.

Karte 11 – Die Ruten

Thema, um das es dabei geht: Kommunikation, Gespräche führen, Anzahl 2. Rat holen, sich informieren. Dadurch kann ich dann in meinen Gedanken oder um mich herum besser Ordnung schaffen, die Kommunikation ist also wichtig dafür. Bei angrenzenden negativen Karten dann auch Streit (böse sein mit Worten). Aufräumen, putzen, Ordnung schaffen. Der Kreuzbube = erste Tochter, ab 7 Jahren. Oder auch der dritte Sohn.

Zeitaussage: Verdoppelt andere Zeiten bzw. 2 Tage, 2 Wochen, 2 Monate oder 2 Jahre.

Psychologischer Aspekt: Streitlustig sein, andere belehren, provozieren, bewerten, vermitteln und lösungsorientiert denken, kompromissbereit sein.

Legung Hand/ Loslassen

Was schon da ist, woran ich festhalte oder was mich festhält (Position 6)
Kommunikation/ Streit/ Auseinandersetzungen/ Provokationen/ Vermittler/ Ratgeber.

Legung Berg/ Blockade

Was blockiert mich? Was ist das Problem? (Position 6)
Streit suchen/ hitzige Diskussionen führen/ einen starren Standpunkt einnehmen/ Unversöhnlichkeit/ keine Kompromissbereitschaft zeigen/ sich provoziert fühlen.

Was sehe ich nicht? (Position 4)
Den Standpunkt des anderen nachzuvollziehen/ die Sichtweise des anderen respektieren/ Streit schlichten/ aufeinander wieder zugehen/ sich genau informieren.

Gedanken und Gefühle zum Thema (Position 1)
Nach Lösungen suchen/ Kompromisse finden/ fair miteinander reden/ in einem Streit vermitteln/ wichtige Informationen einholen.

Was brauche ich noch? (Position 2)
Ein faires Miteinander/ Kommunikation auf Augenhöhe/ Entgegenkommen bei Auseinandersetzungen/ Kompromissbereitschaft.

Der nächste Schritt, dies tun/ Ratschlag (Position 3)
Die Schärfe aus der Situation nehmen/ mehr Informationen zum Thema zusammentragen/ sich erkundigen/ Rat einholen/ lösungsorientiert an die Sache herangehen/ das Schweigen brechen und miteinander sprechen/ sich selbst auch mal hinterfragen/ das Streiten aufgeben und nach Kompromissen suchen/ Gemeinsamkeiten entdecken/ sich mehr mit der Argumentation des anderen auseinandersetzen/ den Streit beenden/ objektiver an die Sache herangehen.

Legung Hand/ Loslassen

Bilanz ziehen und Verantwortung übernehmen (Position 5)
Nicht auf seiner Meinung beharren/ kontroverse Meinungen gelten lassen/ nicht alles zerreden/ das Streiten aufgeben und nach Kompromissen suchen/ Gemeinsamkeiten entdecken/ sich mehr mit der Argumentation des anderen auseinandersetzen/ den Streit beenden/ objektiver an die Sache herangehen.

Legung Berg/ Blockade

Dies kann man tun, um die Angelegenheit zu klären (Position 5)
Das Streiten aufgeben und nach Kompromissen suchen/ Gemeinsamkeiten entdecken/ sich mehr mit der Argumentation des anderen auseinandersetzen/ den Streit beenden/ objektiver an die Sache herangehen.

Da wird von außen geholfen, unterstützt (Position 7)
Kompromissangebote/ sich annähern und herausfinden, wo Gemeinsamkeiten sind/ Rat annehmen/ eine neutrale Meinung einholen.

Legung Hand/ Loslassen

Die Erleichterung, das positive Resultat des Loslassens (Position 8)
Informationen und Meinungen austauschen, ohne sie sofort bewerten zu müssen/ die Meinung des anderen gelten lassen können/ den Standpunkt des anderen respektieren.

Legung Berg/ Blockade

Die Lösung der Blockade (Position 8)
Wieder miteinander ohne Streit reden können/ seinen Standpunkt angemessen vertreten/ miteinander wieder ins Gespräch kommen.

Karte 12 – Die Vögel

Thema, um das es dabei geht: Auch wieder die Anzahl 2 im Vordergrund. 2 Vögel = ein Paar = Zweisamkeit. Aufregung, nervös sein, sich Sorgen machen. Hektik, Stress, sich unter Druck setzen. Zwitschern = Kommunikation wie z. B. auch Tratsch, mit einer gewissen Neugier verbunden. Stimmen hören, ein Anruf. Ggf. die Großeltern oder nur die Oma.

Zeitaussage: Verdoppelt andere Zeiten bzw. 2 Tage, 2 Wochen, 2 Monate oder 2 Jahre.

Psychologischer Aspekt: Unruhig sein, rebellisch sein, nervös, hektisch sein, eigenwillig sein, flatterhaft sein.

Legung Hand/ Loslassen

Was schon da ist, woran ich festhalte oder was mich festhält (Position 6)
Stress haben/ Nervosität/ Sorgen/ Unruhe/ Individualität/ Tratscherei, die nichts Gutes bewirkt.

Legung Berg/ Blockade

Was blockiert mich? Was ist das Problem? (Position 6)
Die Unberechenbarkeit der Situation/ der hohe Druck, der auf einem lastet/ der Stress, der an den Nerven zerrt/ die Sorgen, die einen innerlich zusetzen.

Was sehe ich nicht? (Position 4)
Dass es eine Phase ist, wo man für sich einstehen muss/ man sich von den äußeren Umständen unabhängig machen muss/ seinen blinden Fleck – die Schwachstelle seiner Persönlichkeit.

Gedanken und Gefühle zum Thema (Position 1)
Alles infrage stellen, was einem Sorge bereitet/ sich Sorgen machen/ eine Phase, wo man lernen muss, anders als gewohnt mit den Herausforderungen des Lebens umzugehen/ sich gestresst und nervös fühlen.

Was brauche ich noch? (Position 2)
Einen Weg finden, mit den Sorgen umzugehen/ die Anspannung loszulassen/ sich besser zu konzentrieren/ sich auf das Wesentliche zu besinnen/ zu einem selbst zu stehen/ sich sein Unvermögen zu verzeihen.

Der nächste Schritt, dies tun/ Ratschlag (Position 3)
Mehr Ruhe in die Situation bringen/ sich nicht in die Sorgen hineinsteigern/ die Nerven beruhigen/ toleranter mit sich und anderen umgehen/ seine Meinung nicht dauernd ändern wie das Fähnchen im Winde.

Legung Hand/ Loslassen

Bilanz ziehen und Verantwortung übernehmen (Position 5)
Die Sorgen zeigen, wo etwas im Argen liegt/ erkennen, wo die Selbstverantwortung liegt und selbstbestimmt handeln/ nicht nach anderen schielen, sondern frei entscheiden.

Legung Berg/ Blockade

Dies kann man tun, um die Angelegenheit zu klären (Position 5)
Den Stress aus der Situation nehmen/ alles nicht so dramatisieren/ umdenken und neue Perspektiven schaffen/ sich auf das Wesentliche besinnen und seine Kräfte bündeln/ toleranter sein/ nicht immer mit dem Kopf durch die Wand wollen.

Da wird von außen geholfen, unterstützt (Position 7)
Gesprächsangebote/ neue Begebenheiten, auf die man sich einstellen muss/ Kommunikationsbereitschaft bei Menschen, mit denen man etwas zu klären hat/ Friedensangebote von anderen.

Legung Hand/ Loslassen

Die Erleichterung, das positive Resultat des Loslassens (Position 8)
Die Andersartigkeit des anderen respektieren/ eine friedliche Kommunikationsebene miteinander finden/ Sorgen loslassen und nur für heute zu leben/ sich innerlich zu beruhigen/ sich auf sich selbst besinnen.

Legung Berg/ Blockade

Die Lösung der Blockade (Position 8)
Etwas geschehen lassen, ohne daran herummäkeln zu müssen/ nicht sofort eine „Lösung" parat haben zu müssen/ über respektvollen Austausch zu einer Einigung finden/ alles nicht mehr so „hochkochen" und eng sehen.

Karte 13 – Das Kind

Thema, um das es dabei geht: Kleinkind bzw. Kind bis zum Alter von 6 Jahren, bevor es in die Schule geht. Ggf. ist hier auch das Enkelkind gemeint. Sonst auch ein Neuanfang, etwas beginnt. Etwas Kleines, Kleinigkeiten. Es geht in kleinen Schritten weiter und wächst mit der Zeit. Der Pikbube = ein Kleinkind bzw. Kind bis 6 Jahre. Enkelkind.

Zeitaussage: Beginn, z. B. Anfang einer Jahreszeit.

Psychologischer Aspekt: In der Gegenwart leben, sich entwickeln, Urvertrauen haben, mutig experimentieren, ohne darüber nachzudenken und Neues wagen, naiv sein, unbeschwert, neugierig.

Legung Hand/ Loslassen

Was schon da ist, woran ich festhalte oder was mich festhält (Position 6)
Angst vor Neubeginn/ neue Lebensphase/ Unschuld/ keine Erfahrung/ neue Lebensumstände/ Dummheit/ Naivität/ neugierig und offen sein/ verspielt an etwas herangehen/ unvernünftig sein.

Legung Berg/ Blockade

Was blockiert mich? Was ist das Problem? (Position 6)
Mit der ungewohnten Situation umzugehen/ nicht zu naiv an die Sache heranzugehen/ sich nicht auf das Neue einlassen können/ seine Leichtigkeit vermissen/ zu neugierig zu sein/ der Situation nicht gewachsen zu sein.

Was sehe ich nicht? (Position 4)
Sich nicht so ernst zu nehmen/ nicht an Altem festzuklammern/ dass man sich kindisch benimmt/ die Leichtigkeit und Verspieltheit verloren zu haben/ unvoreingenommen an die Sache heranzugehen.

Gedanken und Gefühle zum Thema (Position 1)
Neugierde in Bezug auf neue Erfahrungen/ Unbekümmertheit im Umgang mit Menschen/ zu naiv allem Glauben schenken/ sich offen und neugierig zeigen/ etwas Neues ausprobieren.

Was brauche ich noch? (Position 2)
Mehr Urvertrauen/ sich unbekümmert an Neues heranzuwagen/ Zuwendung zu seinem inneren Kind/ Begeisterung für den Neubeginn/ sich Zeit zu nehmen für die kleinen Schritte.

Der nächste Schritt, dies tun/ Ratschlag (Position 3)
Unbekümmert die ersten Schritte gehen/ mehr Erfahrungen sammeln/ etwas Neues anfangen oder einfach mal was ausprobieren, was man bisher noch nicht gemacht hat/ offen für Anregungen und Ideen von außen oder auch vom inneren Kind sein.

Legung Hand/ Loslassen

Bilanz ziehen und Verantwortung übernehmen (Position 5)
Seine Neugierde zügeln/ mehr Erfahrung sammeln/ offen auf die Menschen zugehen/ mit natürlichem Gespür den Neubeginn wagen.

Legung Berg/ Blockade

Dies kann man tun, um die Angelegenheit zu klären (Position 5)
Die Situation mit Kinderaugen betrachten/ seiner Neugier freien Lauf lassen/ sich die Unbekümmertheit bewahren/ in kleinen Schritten vorangehen und vertrauen/ mit Begeisterung durchstarten.

Da wird von außen geholfen, unterstützt (Position 7)
Andere wecken die Neugier in einem/ das Umfeld ist tolerant und verständnisvoll/ man wird an die Hand genommen und dies erleichtert es, neu anzufangen/ Neues liegt in der Luft/ Aufbruchstimmung ist zu spüren.

Legung Hand/ Loslassen

Die Erleichterung, das positive Resultat des Loslassens (Position 8)
An den Aufgaben wachsen/ Neues wird in Angriff genommen/ auch kleine Schritte führen zum Ziel/ die Situation ist offen und unbelastet und bietet Raum für Neues/ das innere Kind ist in Kontakt mit dem Selbst und bildet mit ihm ein Team/ ein neuer Lebensabschnitt kann beginnen.

Legung Berg/ Blockade

Die Lösung der Blockade (Position 8)
Die Leichtigkeit wird wiederentdeckt/ verspielt und mit Leichtigkeit bewältigt man den Neubeginn/ mit Vertrauen öffnet man sich der neuen Lebensphase/ Spontaneität ist wieder möglich/ man ist der Situation wieder gewachsen/ an den Aufgaben wachsen.

Karte 14 – Der Fuchs

Thema, um das es dabei geht: Etwas läuft falsch oder es ist der falsche Zeitpunkt für etwas. Unehrlichkeit, Hinterhältigkeit, Falschheit, Betrug, Intrigen. Sich täuschen oder getäuscht werden. Vorsichtig sein, diese Karte warnt vor etwas. Als Haustier eine Katze.

Zeitaussage: Falscher Zeitpunkt.

Psychologischer Aspekt: Hin und her gerissen sein, misstrauisch sein, heucheln, etwas falsch einschätzen, sich falsch verhalten, clever, vorsichtig sein.

Legung Hand/ Loslassen

Was schon da ist, woran ich festhalte oder was mich festhält (Position 6)
Sich etwas vormachen/ den falschen Zeitpunkt gewählt/ nicht ehrlich sein/ andere täuschen/ sich aus der Verantwortung stehlen.

Legung Berg/ Blockade

Was blockiert mich? Was ist das Problem? (Position 6)
Falsche Tatsachen vortäuschen/ Lügen und betrügen/ nicht klug genug handeln/ den falschen Zeitpunkt wählen/ etwas falsch einschätzen/ sich falsch verhalten.

Was sehe ich nicht? (Position 4)
Dass man sich etwas vormacht, sich selbst betrügt/ nicht ehrlich mit den Menschen ist/ das Timing nicht stimmt/ man nicht mit offenen Karten spielt.

Gedanken und Gefühle zum Thema (Position 1)
Man hat den richtigen Riecher/ jetzt schlau taktieren/ ehrlich währt am längsten/ Lügen haben kurze Beine/ Scheinheiligkeit.

Was brauche ich noch? (Position 2)
Mut, um ehrlich zu sein/ nicht um den heißen Brei herumschleichen/ der Täuschung ein Ende bereiten/ Fehler zugeben.

Der nächste Schritt, dies tun/ Ratschlag (Position 3)
Warten, bis der richtige Zeitpunkt kommt/ reinen Tisch machen/ die Karten auf den Tisch legen/ seine Intelligenz nutzen, um die Situation zu meistern/ mit Scharfsinn handeln.

Legung Hand/ Loslassen

Bilanz ziehen und Verantwortung übernehmen (Position 5)
Mit Kompetenz die Situation überdenken/ seinen Instinkten vertrauen/ seine Fehleinschätzungen korrigieren/ aufhören, zu lügen/ korrigieren, was falsch läuft/ Misstrauen ablegen.

Legung Berg/ Blockade

Dies kann man tun, um die Angelegenheit zu klären (Position 5)
Mit Klugheit die Situation bewältigen/ mit Scharfsinn die Angelegenheit analysieren/ sich dazu entscheiden, ehrlich zu sein/ die Wahrheit sagen/ Fehler eingestehen.

Da wird von außen geholfen, unterstützt (Position 7)
Andere behandeln einen mit Ehrlichkeit/ Fehlverhalten wird verziehen/ es werden einem neue Chancen gegeben um, seine Fehler wieder gutzumachen.

Legung Hand/ Loslassen

Die Erleichterung, das positive Resultat des Loslassens (Position 8)
Illusionen werden zerstört und mehr Authentizität wird möglich/ was falsch läuft, wird korrigiert/ Fehleinschätzungen korrigiert/ Fehler eingesehen/ klug gehandelt/ ehrlich mit anderen sein.

Legung Berg/ Blockade

Die Lösung der Blockade (Position 8)
Die Täuschung hat ein Ende/ die Illusionen vergehen und mit Scharfsinn wird die Situation gemeistert/ die Heuchelei hat ein Ende/ das Gespür für den richtigen Zeitpunkt finden/ mit Schläue die richtige Entscheidung treffen/ ehrlich durchs Leben gehen.

Karte 15 – Der Bär

Thema, um das es dabei geht: Etwas Altes bzw. Älteres oder etwas aus der Vergangenheit, kennt man schon von früher. Etwas Großes, Mächtiges. Kraft, Stärke (auch innere Stärke). Dranbleiben, notfalls Krallen zeigen und darum kämpfen. Autoritätsperson, Chef, Anwalt, Notar, Makler, Arzt, Fachperson, Spezialist oder der Opa.

Zeitaussage: 10 bis 20 Jahre, Vergangenheit.

Psychologischer Aspekt: Dominant sein, selbstbewusst sein, dickköpfig, willensstark, beschützend, innere Stärke beweisen, an Vergangenem haften, Rückgrat zeigen, mutig, fordernd.

Legung Hand/ Loslassen

Was schon da ist, woran ich festhalte oder was mich festhält (Position 6)
Sturheit, die einen unflexibel macht/ seinen Dickkopf durchsetzen wollen/ sich unbedingt durchsetzen wollen/ seinen Einfluss ausnutzen/ autoritär auftreten.

Legung Berg/ Blockade

Was blockiert mich? Was ist das Problem? (Position 6)
Die Sturheit/ mit dem Kopf durch die Wand wollen/ seinen Willen durchsetzen wollen/ an Vergangenem festhalten wollen/ keine Veränderung zulassen/ zu autoritär auftreten.

Was sehe ich nicht? (Position 4)
Die Bevormundung anderer Menschen/ dass man sich nicht immer durchsetzen kann/ den anderen die Überlegenheit spüren zu lassen/ dass man die Situation beherrschen will/ dass man andere vor den Kopf stößt, weil man immer recht haben will.

Gedanken und Gefühle zum Thema (Position 1)
Selbstsicherheit/ Willenskraft/ etwas durchsetzen wollen/ die Führung übernehmen/ innere Stärke zeigen/ seinen Einfluss geltend machen/ Machtkämpfe austragen.

Was brauche ich noch? (Position 2)
Einen Beschützerinstinkt/ Fürsorge für das Umfeld/ viel Kraft und Stärke/ sich für etwas einsetzen und sich zum Spezialisten mausern/ Erfahrungen sammeln.

Der nächste Schritt, dies tun/ Ratschlag (Position 3)
All seine Durchsetzungskraft nutzen, um die Situation zu bewältigen/ mutig für sich einstehen/ auf seine innere Stärke vertrauen/ seine Erfahrungen aus der Vergangenheit nutzen.

Legung Hand/ Loslassen

Bilanz ziehen und Verantwortung übernehmen (Position 5)
Sich auf seine Stärken besinnen und handeln/ all seine Durchsetzungskraft nutzen/ jemanden beschützen, wenn es notwendig ist/ seine Erfahrungen aus der Vergangenheit miteinbeziehen/ seinen Willen durchsetzen, wo es wichtig ist.

Legung Berg/ Blockade

Dies kann man tun, um die Angelegenheit zu klären (Position 5)
Selbstbewusst sein Ziel verfolgen/ den anderen beschützen/ Rückgrat zeigen/ souverän seine Erfahrungen nutzen.

Da wird von außen geholfen, unterstützt (Position 7)
Andere unterstützen einen in der Situation/ eine Autoritätsperson spricht ein Machtwort/ andere geben einem Kraft und Mut/ einer vom Fach sorgt für Aufklärung.

Legung Hand/ Loslassen

Die Erleichterung, das positive Resultat des Loslassens
Man setzt sich durch, wo es nötig ist/ man kann sich von Vergangenem lösen/ kann seinen Einfluss geltend machen/ findet den Mut, um weiterzumachen/ findet sich selbstbewusst mit der Situation ab/ kann zu seiner Souveränität zurückfinden/ ist wieder in seiner selbstbestimmten Kraft.

Legung Berg/ Blockade

Die Lösung der Blockade (Position 8)
Man findet wieder zu seiner Kraft/ entwickelt neues Selbstbewusstsein/ kann sich von Vergangenem lösen/ muss sich nicht überall durchsetzen/ muss nicht alles und jeden dominieren.

Karte 16 – Die Sterne

Thema, um das es dabei geht: Klarheit. Es geht um viel = Anzahl. Viele und auch hohe Erwartungen. Erfüllung. Große Glückskarte, alles wird gut, göttliche Fügung. Musik, Kunst, Spiritualität (in Anlehnung an die Sternbilder). Kunst braucht eine gewisse Wertschätzung und Anerkennung.

Zeitaussage: Abends oder nachts.

Psychologischer Aspekt: Erkenntnisse gewinnen, idealistisch sein, träumerisch, sein Bewusstsein erweitern, spirituelle Erfahrungen sammeln, vertrauen, medial sein.

Legung Hand/ Loslassen

Was schon da ist, woran ich festhalte oder was mich festhält (Position 6)
Man geht, was seine Ideale betrifft, zu wenig Kompromisse ein/ Idealvorstellungen, die unrealistisch sind/ Wunschdenken/ besinnt sich nicht auf das Wesentliche, verzettelt sich.

Legung Berg/ Blockade

Was blockiert mich? Was ist das Problem? (Position 6)
Zu hohe Erwartungen/ Wunschdenken/ Ideale, die mit dem wahren Leben nicht vereinbar sind/ Träume, die unrealistisch sind/ zu viele Möglichkeiten.

Was sehe ich nicht? (Position 4)
Die spirituelle Erfahrung, die diese Situation einem bietet/ dass Vertrauen ohne Garantien gegeben wird/ die Bewusstseinserweiterung, die diese Angelegenheit beinhaltet/ Wunschdenken.

Gedanken und Gefühle zum Thema (Position 1)
Man möchte Klarheit erlangen/ vertraut auf eine göttliche Fügung/ ist ein spiritueller Mensch/ kann aus vielen Möglichkeiten wählen/ ist erfolgreich.

Was brauche ich noch? (Position 2)
Das Vertrauen, dass sich alles zum Guten wendet/ Vertrauen in die göttliche Kraft/ Träume, die einem wie Sterne den Weg leuchten/ Wünsche, die seinen Idealen entsprechen.

Der nächste Schritt, dies tun/ Ratschlag (Position 3)
Sich Klarheit verschaffen/ Visionen entwickeln und ruhig von Höherem träumen/ sich Fülle zugestehen und darauf vertrauen, dass für einen gesorgt wird/ seinen Idealen folgen/ Träume verwirklichen/ nach den Sternen greifen.

Legung Hand/ Loslassen

Bilanz ziehen und Verantwortung übernehmen (Position 5)
Die Erkenntnis gewinnen, von Fülle umgeben zu sein/ etwas für seine Glückseligkeit zu tun/ mit klarem Blick seine Chancen erkennen/ seinen Visionen zu folgen und ihnen Leben einzuhauchen.

Legung Berg/ Blockade

Dies kann man tun, um die Angelegenheit zu klären (Position 5)
Sich Klarheit verschaffen/ dem Wunschdenken mehr Realitätssinn entgegensetzen/ die vielen Möglichkeiten, die sich einem bieten, erkennen/ Visionen seiner gewünschten Zukunft entwickeln/ den Wunsch nach Anerkennung ernst nehmen/ sich selbst mehr wertschätzen.

Da wird von außen geholfen, unterstützt (Position 7)
Die Erwartungen anderer übertreffen/ bei Chancen, die sich zeigen, zugreifen/ andere wertschätzen einen und zeigen einem Respekt und Anerkennung.

Legung Hand/ Loslassen

Die Erleichterung, das positive Resultat des Loslassens (Position 8)
Unrealistische Erwartungen loslassen/ sich mehr zutrauen und über sich hinauswachsen/ zu den Sternen greifen/ keine Anerkennung von außen mehr brauchen/ sich selbst wertschätzen/ erfolgreich zu sein/ glücklich sein.

Legung Berg/ Blockade

Die Lösung der Blockade (Position 8)
Zu wissen, woran man ist/ nun klarer sehen und die Angelegenheit besser einschätzen/ aus den Träumen erwachen und realistisch werden/ wieder erfolgreich seinen Weg zu gehen und seine Träume zu verwirklichen.

Karte 17 – Die Störche

Thema, um das es dabei geht: Veränderung in jeglicher Form. Wandlung, Wechsel, Umzug. Verhalten oder Meinung ändern. Flexibel sein. Karte vor den Störchen „bringt“ die Karte nach den Störchen. Mit der Kinderkarte oder der Karte für den Sex (Lilie) auch ein Hinweis auf eine Schwangerschaft. Die Herzdame = eine Frau, die positiv, herzlich ist oder auch ca. gleich alt wie die fragende Person. Geliebte.

Zeitaussage: Zeit, jetzt etwas zu verändern.

Psychologischer Aspekt: Impulsiv sein, anpassungsfähig, wandelbar, interessiert, flexibel, sprunghaft, unbeständig.

Legung Hand/ Loslassen

Was schon da ist, woran ich festhalte oder was mich festhält (Position 6)
Ein neuer Lebensabschnitt/ der richtige Zeitpunkt/ zu wenig Anpassungsfähigkeit/ mehr Abwechslung zulassen.

Legung Berg/ Blockade

Was blockiert mich? Was ist das Problem? (Position 6)
Unbeständigkeit/ nicht bei der Sache bleiben/ sich nicht auf Neues einstellen wollen/ Veränderungen fürchten/ oft die Meinung ändern/ zu viel unterwegs sein/ viel Abwechslung brauchen.

Was sehe ich nicht? (Position 4)
Das alles im Wandel ist/ nichts so bleibt, wie es ist/ man mehr Interesse aufbringen sollte/ man flexibel mit der Angelegenheit umgehen sollte.

Gedanken und Gefühle zum Thema (Position 1)
Aufbruchstimmung/ neues Leben, auf das man sich einstellen muss/ freie Entscheidungen treffen/ flexibel auf die Situation reagieren.

Was brauche ich noch? (Position 2)
Veränderungen/ verschiedene Möglichkeiten/ mehr Flexibilität/ einen Wechsel in einen anderen Bereich/ mehr Anpassungsfähigkeit.

Der nächste Schritt, dies tun/ Ratschlag (Position 3)
Veränderungen eine Chance geben/ über Verbesserungen nachdenken und diese dann umsetzen/ für mehr Abwechslung sorgen und unterwegs sein/ mehr Interesse zeigen/ den Wandel akzeptieren.

Legung Hand/ Loslassen

Bilanz ziehen und Verantwortung übernehmen (Position 5)
Sich der Situation anpassen/ sich verbessern und dadurch mit der Angelegenheit zurechtkommen/ bei den vielen Möglichkeiten frei entscheiden/ selbst für Abwechslung sorgen.

Legung Berg/ Blockade

Dies kann man tun, um die Angelegenheit zu klären (Position 5)
Sich frei entscheiden/ Veränderungen keinen Widerstand entgegenbringen/ seine Fähigkeiten verbessern und sich anzupassen/ mehr Flexibilität zu zeigen/ über einen Wechsel nachzudenken.

Da wird von außen geholfen, unterstützt (Position 7)
Möglichkeiten, sich zu verändern/ Verbesserungen, die vorgeschlagen werden, anzunehmen/ Abwechslung durch andere willkommen heißen/ Impulse von außen nutzen.

Legung Hand/ Loslassen

Die Erleichterung, das positive Resultat des Loslassens (Position 8)
Veränderungen eine Chance geben/ frei wählen, was man möchte/ sich weiterentwickeln/ neues Leben willkommen heißen/ Aufbruch zu neuen Ufern/ Aufbruch in eine neue Lebensphase.

Legung Berg/ Blockade

Die Lösung der Blockade (Position 8)
Mehr erreichen/ den Wandel akzeptieren/ nicht gegen den Strom schwimmen/ neue Ideen entwickeln/ wieder Interesse zeigen/ verlässlich sein.

Karte 18 – Der Hund

Thema, um das es dabei geht: Hilfe, Unterstützung, Vertrauen, Treue, Freundschaft, Hund.

Zeitaussage: Langfristig, dauerhaft, ggf. für viele Jahre.

Psychologischer Aspekt: Empathisch sein, fürsorglich, gutmütig, zuverlässig, möchte den Erwartungen entsprechen/ hilft, wo sie/er kann, sich selbst vergessend.

Legung Hand/ Loslassen

Was schon da ist, woran ich festhalte oder was mich festhält (Position 6)
Zu vertrauensselig sein/ Helfersyndrom/ sich selbst nicht wichtig nehmen/ man möchte die Erwartungen anderer nicht enttäuschen.

Legung Berg/ Blockade

Was blockiert mich? Was ist das Problem? (Position 6)
Geben und Nehmen in Balance zu halten/ zu anhänglich sein/ möchte den anderen gefallen/ die Erwartungshaltung anderer erfüllen.

Was sehe ich nicht? (Position 4)
Dass man sich selbst aufgibt/ zu folgsam ist/ zu wenig an sich selbst denkt/ anderen alles aus der Hand nimmt/ zu gutgläubig ist.

Gedanken und Gefühle zum Thema (Position 1)
Unterstützung geben/ Hilfe anbieten/ sich treu und loyal verhalten/ ein Freund sein/ Respekt zeigen.

Was brauche ich noch? (Position 2)
Treue mir selbst gegenüber zeigen/ Freundschaft, auf die man sich verlassen kann/ Hilfe und Unterstützung, wo es notwendig ist/ sich selbst nicht zu vergessen.

Der nächste Schritt, dies tun/ Ratschlag (Position 3)
Anderen Vertrauen schenken/ sich Respekt verschaffen/ sich Unterstützung suchen/ anderen helfen und für sie da sein/ Geben und Nehmen in Balance halten/ Freundschaften pflegen.

Legung Hand/ Loslassen

Bilanz ziehen und Verantwortung übernehmen (Position 5)
Gleichgewicht zwischen Geben und Nehmen verwirklichen/ loyal zu sich selbst oder anderen stehen/ seine Hilfe und Unterstützung anbieten/ jemandem unter die Arme greifen.

Legung Berg/ Blockade

Dies kann man tun, um die Angelegenheit zu klären (Position 5)
Mehr Selbstvertrauen entwickeln/ Hilfe erhalten oder anderen anbieten/ Unterstützung gewähren/ sich loyal verhalten/ an die Sache glauben und vertrauen.

Da wird von außen geholfen, unterstützt (Position 7)
Sich für andere einsetzen/ anderen helfen/ langfristige Freundschaften/ Unterstützung von anderen/ Treuebeweise/ anderen vertrauen können/ Hilfe bekommen.

Legung Hand/ Loslassen

Die Erleichterung, das positive Resultat des Loslassens (Position 8)
Anderen gegenüber Freundschaften entwickeln/ Unterstützung zu schätzen wissen/ Hilfe annehmen/ mehr Selbstwert entwickeln/ die Unterwürfigkeit ablegen/ sich selbst vertrauen.

Die Lösung der Blockade (Position 8)

Selbstvertrauen entwickeln/ anderen Unterstützung bieten/ treu und loyal sein/ sich etwas zutrauen/ sich über Erwartungen anderer hinwegsetzen/ sich selbst treu sein/ sich selbst wertschätzen und für sich sorgen.

Karte 19 – Der Turm

Thema, um das es dabei geht: Trennung, Rückzug. Einsamkeit oder sich allein fühlen. Eigenständigkeit, Selbstständigkeit. Grenze und/oder auch Grenzen überschreiten. Behörde, Firma und bei Kindern die Schule. Als Anzahl = 1. Ein hohes Gebäude = Hochhaus oder sehr große Person.

Zeitaussage: Keine direkte Zeitaussage, ggf. 1 Tag, 1 Woche, 1 Monat oder 1 Jahr.

Psychologischer Aspekt: Sich auf das Wesentliche besinnen, isoliert sein, sich abgrenzen, sich alleine fühlen, sein inneres Licht finden, gesunde Grenzen setzen, introvertiert sein, ehrgeizig.

Legung Hand/ Loslassen

Was schon da ist, woran ich festhalte oder was mich festhält (Position 6)
Einsamkeit/ an seine Grenzen stoßen/ Isolation/ sich zurückziehen/ sich selbst überfordern/ sich überfordert fühlen.

Legung Berg/ Blockade

Was blockiert mich? Was ist das Problem? (Position 6)
Übertriebener Ehrgeiz/ Egoismus/ Isolation/ an seine Grenzen stoßen/ etwas zu eng sehen/ sich zurückziehen/ nicht für sich selbst sorgen können.

Was sehe ich nicht? (Position 4)
Es auch alleine schaffen zu können/ Einsamkeit durch Abgrenzung zu schaffen/ sich zu viel zuzumuten/ zu eigensinnig und egoistisch zu sein.

Gedanken und Gefühle zum Thema (Position 1)
Selbstständigkeit/ für sich selbst sorgen können/ für sich selbst einstehen/ Grenzen setzen können oder müssen/ Isolation/ Einsamkeit.

Was brauche ich noch? (Position 2)
Gesunden Ehrgeiz/ mehr Egoismus/ den anderen Grenzen zu setzen/ die Einsamkeit beenden/ selbstständiger werden.

Der nächste Schritt, dies tun/ Ratschlag (Position 3)
Aus der Isolation herausgehen/ selbstständig werden/ mehr Ehrgeiz entwickeln/ mehr an sich selbst denken/ für sich selbst einstehen/ für sich selbst sorgen.

Legung Hand/ Loslassen

Bilanz ziehen und Verantwortung übernehmen (Position 5)
Anderen gesunde Grenzen setzen/ mehr Eigenständigkeit entwickeln/ Weitblick beweisen/ aus der Isolation treten.

Legung Berg/ Blockade

Dies kann man tun, um die Angelegenheit zu klären (Position 5)
Gesunden Ehrgeiz entwickeln/ Dinge allein anpacken/ sich selbstständig machen/ Grenzen setzen, wo es wichtig ist/ selbst auferlegte Begrenzungen aufgeben.

Da wird von außen geholfen, unterstützt (Position 7)
Fremdeinflüsse nehmen ab/ Einschränkungen werden aufgehoben/ man bekommt Zeit zur Besinnung/ Grenzerfahrungen fordern die volle Aufmerksamkeit.

Legung Hand/ Loslassen

Die Erleichterung, das positive Resultat des Loslassens (Position 8)
Man trennt sich von Menschen, die einem nicht guttun/ man beendet die Einsamkeit und geht auf Menschen zu/ man entwickelt mehr innere Verbindung zu sich selbst/ der innere Druck lässt nach/ besinnt sich auf das Wesentliche/ findet sein inneres Licht.

Legung Berg/ Blockade

Die Lösung der Blockade (Position 8)
Man entwickelt mehr Disziplin/ kann sich von dem, was einem schadet, trennen/ ist nicht mehr isoliert und einsam/ kann gesunde Grenzen setzen/ kann sich aus einer Erstarrung lösen/ findet sein inneres Licht.

Karte 20 – Der Park

Thema, um das es dabei geht: Öffentlichkeit, Umgebung, Umfeld. Alles außerhalb des Privatlebens. Viele Leute, Kundschaft, große Gesellschaft. Anzahl = viele.

Zeitaussage: 3 Monate.

Psychologischer Aspekt: Kontaktfreudig, gesellig sein, nach außen orientiert, offen sein, umgänglich, tolerant, extrovertiert, die Meinung anderer wichtig nehmen.

Legung Hand/ Loslassen

Was schon da ist, woran ich festhalte oder was mich festhält (Position 6)
Andere Menschen wichtig nehmen/ die Meinung anderer zu wichtig nehmen/ nur an sich selbst zu denken.

Legung Berg/ Blockade

Was blockiert mich? Was ist das Problem? (Position 6)
Eine Fassade nach außen zeigen/ sich selbst vergessen/ sich zu sehr in den Mittelpunkt stellen/ sich nicht von anderen gebraucht zu fühlen/ intolerant zu sein/ nicht offen für andere zu sein.

Was sehe ich nicht? (Position 4)
Dass man seine eigene Meinung finden sollte/ zu seiner Meinung stehen sollte/ die Maske, die man anderen zeigt, viel Kraft kostet/ man nicht authentisch ist.

Gedanken und Gefühle zum Thema (Position 1)
Für andere da sein wollen/ man wird von anderen beachtet/ man steht in der Öffentlichkeit/ im Mittelpunkt stehen/ etwas in der Öffentlichkeit erreichen/ tolerant sein.

Was brauche ich noch? (Position 2)
Begegnungen mit anderen Menschen/ Offenheit und Toleranz/ ein Miteinander/ Kontaktfreude/ Geselligkeit.

Der nächste Schritt, dies tun/ Ratschlag (Position 3)
Mit seinem Anliegen nach außen gehen/ offen und tolerant sein/ Kontakte pflegen/ die Meinung anderer Menschen einholen/ andere akzeptieren.

Legung Hand/ Loslassen

Bilanz ziehen und Verantwortung übernehmen (Position 5)
Auch seine eigene Meinung wichtig nehmen/ sich die Muße zum Auftanken nehmen/ über die Meinungen anderer reflektieren/ sich von Kontakten trennen, die einem nicht guttun.

Legung Berg/ Blockade

Dies kann man tun, um die Angelegenheit zu klären (Position 5)
Sich die Muße herauszunehmen, sich auszuruhen/ nicht auf jeder Party tanzen müssen/ wieder mehr am Leben der anderen teilnehmen/ sich wieder mehr mit anderen Menschen treffen und austauschen/ sich eine Auszeit nehmen.

Da wird von außen geholfen, unterstützt (Position 7)
Andere sind für einen da/ man wird gebraucht/ das Umfeld nimmt einen zur Kenntnis/ Verabredungen möchten vereinbart werden.

Legung Hand/ Loslassen

Die Erleichterung, das positive Resultat des Loslassens (Position 8)
Wieder durchatmen können/ nicht mehr von Termin zu Termin hetzen müssen/ Gelassenheit entwickeln/ nicht nur nach außen orientiert sein/ sich eine Auszeit vom Trubel nehmen.

Legung Berg/ Blockade

Die Lösung der Blockade (Position 8)
Sich ein Netzwerk schaffen/ mehr nach außen gehen/ sich wieder mit anderen treffen/ sein Umfeld wieder miteinbeziehen.

Karte 21 – Der Berg

Thema, um das es dabei geht: Etwas blockiert, hemmt oder frustriert. Hindernisse, Schwierigkeiten, Herausforderungen. Etwas ist festgefahren. Als Entfernungskarte für einen weiten Weg (mehrere Kilometer) oder etwas, was weiter weg ist und zeitlich noch dauert.

Zeitaussage: Im Augenblick geschieht nichts, blockiert.

Psychologischer Aspekt: Unnahbar sein, sich überwinden, anstrengen, unbeirrbar sein, sich einen Überblick verschaffen, fordernd sein, unbequem sein, belastet sein, frustriert sein.

Legung Hand/ Loslassen

Was schon da ist, woran ich festhalte oder was mich festhält (Position 6)
Frust/ Blockade/ Widerstand/ Herausforderung/ Unnahbarkeit/ Problem.

Legung Berg/ Blockade

Was blockiert mich? Was ist das Problem? (Position 6)
Niemanden an einen heranlassen/ eine Frustphase durchleben/ einer Herausforderung gegenüberstehen/ den Überblick verlieren/ zu viel von anderen fordern.

Was sehe ich nicht? (Position 4)
Die Lernaufgabe in der Herausforderung/ dass man an den Schwierigkeiten wächst/ dass es durchzuhalten gilt/ die schlechte Stimmung nicht guttut, einen ausbremst.

Gedanken und Gefühle zum Thema (Position 1)
Herausforderung/ Frust empfinden/ Blockade/ Unnahbarkeit/ ein Problem haben.

Was brauche ich noch? (Position 2)
Kampfgeist/ Durchhaltevermögen/ einen langen Atem/ Hindernisse geschickt umgehen/ Konzentration, die Kräfte bündeln/ sich überwinden.

Der nächste Schritt, dies tun/ Ratschlag (Position 3)
Sich der Herausforderung stellen/ Ausdauer beweisen und nicht aufgeben/ sein Ziel trotz Hindernissen weiterverfolgen/ zur Höchstform auflaufen.

Legung Hand/ Loslassen

Bilanz ziehen und Verantwortung übernehmen (Position 5)
Man muss sich anstrengen und sein Ziel verfolgen/ Ausdauer und Mut beweisen/ Hindernisse aus dem Weg räumen/ sich einen Überblick über die Situation verschaffen/ trotz Widerstand am Ball bleiben/ für etwas kämpfen, woran man glaubt.

Legung Berg/ Blockade

Dies kann man tun, um die Angelegenheit zu klären (Position 5)
Die Herausforderung annehmen/ nicht aufgeben und durchhalten/ sich einen Überblick über die Situation verschaffen/ willensstark voranzugehen/ Mut und Ausdauer zu beweisen/ Hindernisse aus dem Weg räumen.

Da wird von außen geholfen, unterstützt (Position 7)
Es werden einem Aufgaben gestellt/ bei Herausforderungen gibt es Unterstützung/ Probleme fordern die ganze Aufmerksamkeit/ das Messen mit den anderen motiviert zu Höchstleistungen.

Legung Hand/ Loslassen

Die Erleichterung, das positive Resultat des Loslassens (Position 8)
Dass man sich der Aufgabe stellt/ Rückgrat beweist/ Unterschiede nicht als negativ zu empfinden/ Verzögerungen als gegeben zu akzeptieren.

Legung Berg/ Blockade

Die Lösung der Blockade (Position 8)
Der Kampfgeist wird geweckt/ seinen Horizont erweitern/ Schwierigkeiten bewältigen/ den richtigen Biss beweisen/ seine Willenskraft einsetzen/ dass Blockaden sich lösen.

Karte 22 – Die Wege

Thema, um das es dabei geht: Alternativen/ Möglichkeiten/ Lösungen suchen und auch finden. Eventuell getrennte oder neue Wege gehen. Entscheidungen, die Wahl haben. Die Karodame = eine Frau, die jünger als die fragende Person ist. Oder Schwester, Tante, Freundin.

Zeitaussage: Etwa 4 bis 6 Wochen.

Psychologischer Aspekt: Der inneren Führung vertrauen, neue Perspektiven entwickeln, sich neu orientieren, entschieden sein, Alternativen in Erwägung ziehen, vergleichen.

Legung Hand/ Loslassen

Was schon da ist, woran ich festhalte oder was mich festhält (Position 6)
Es gibt mehrere Möglichkeiten/ Entscheidungen fallen einem schwer/ sich nicht von etwas trennen wollen/ man sieht keine Alternative.

Legung Berg/ Blockade

Was blockiert mich? Was ist das Problem? (Position 6)
Zu viel Auswahl/ es fällt einem schwer, eine Entscheidung zu treffen/ eine Lösung suchen/ keine Alternative kennen/ sieht den Wald vor lauter Bäumen nicht.

Was sehe ich nicht? (Position 4)
Dass es immer eine Lösung gibt/ es auch noch Alternativen gibt, an die man nicht gedacht hat/ es wichtig ist, für sich selbst die richtige Entscheidung herauszufinden/ man seinen eigenen Weg finden muss.

Gedanken und Gefühle zum Thema (Position 1)
Viele Möglichkeiten haben/ Entscheidungen stehen an/ eine Wahl muss getroffen werden/ sich nicht entscheiden können oder wollen/ sich alle Optionen offenhalten wollen.

Was brauche ich noch? (Position 2)
Alternativen/ eine Lösung/ Wahlmöglichkeiten, die einen überzeugen/ Mut zur Entscheidung/ seiner inneren Führung vertrauen.

Der nächste Schritt, dies tun/ Ratschlag (Position 3)
Eine Entscheidung treffen/ alles abwägen und sich dann einen Weg aussuchen/ seinen eigenen Weg finden/ lösungsorientiert denken/ sich Alternativen suchen.

Legung Hand/ Loslassen

Bilanz ziehen und Verantwortung übernehmen (Position 5)
Seinen eigenen Weg gehen/ die für einen passende Möglichkeit aussuchen/ sich eine Alternative schaffen/ sich entscheiden/ sich klarmachen, wo man steht/ Konsequenzen zu ziehen.

Legung Berg/ Blockade

Dies kann man tun, um die Angelegenheit zu klären (Position 5)
Mal die Perspektive zu wechseln/ die Dinge mal von einer anderen Warte aus betrachten/ Konsequenzen zu ziehen/ Alternativen in Erwägung ziehen/ sich neu orientieren/ sich von seinem Bauchgefühl leiten lassen.

Da wird von außen geholfen, unterstützt (Position 7)
Unterstützung bei Entscheidungen bekommen/ dass einem die Entscheidung abgenommen wird/ alle Informationen in Betracht ziehen und dann seinen eigenen Weg finden/ eine Wahl zwischen verschiedenen Optionen zu haben.

Legung Hand/ Loslassen

Die Erleichterung, das positive Resultat des Loslassens (Position 8)

Auf seine innere Stimme hören/ seinem Bauchgefühl vertrauen/ sich neu auszurichten und seiner Entscheidung zu vertrauen/ die Konsequenzen in Kauf nehmen/ Alternativen in Erwägung ziehen/ neue Perspektiven entwickeln.

Legung Berg/ Blockade

Die Lösung der Blockade (Position 8)

Konsequenzen zu ziehen und aktiv zu werden/ seinen eigenen Standpunkt vertreten/ eine Lösung finden/ Vorbereitungen treffen und dann die Entscheidung in die Tat umsetzen.

Karte 23 – Die Mäuse

Thema, um das es dabei geht: Verminderung, Verzögerung, Verlust. Sorgen, Zweifel, Ängste. Etwas frisst oder nagt an mir. Unzufriedenheit. Müll, Schmutz, Unreines.

Zeitaussage: Zeitverlust, Verspätung, es verzögert sich.

Psychologischer Aspekt: Unzufrieden sein, pessimistisch, fehlerhaft, verzichten müssen, etwas entbehren, etwas oder jemanden vermissen, bescheiden sein, demütig.

Legung Hand/ Loslassen

Was schon da ist, woran ich festhalte oder was mich festhält (Position 6)
Angst/ Zweifel/ Kummer/ Pessimismus/ sich als Opfer sehen/ Sorgen/ Unzufriedenheit/ Bescheidenheit/ Demut.

Legung Berg/ Blockade

Was blockiert mich? Was ist das Problem? (Position 6)
Angst, die einen lähmt/ Zweifel, die einem innerlich zusetzen/ Kummer, in dem man sich vergräbt/ immer nur schwarzsehen/ in der Opferrolle zu verharren/ sich zu viele Sorgen zu machen/ dass einem die Unzufriedenheit jede Kraft raubt.

Was sehe ich nicht? (Position 4)
Dass die Sorgen einen zermürben/ der Kummer einen krank macht/ der Zweifel sein Selbstbewusstsein untergräbt/ die Angst einen gefangen hält/ Unzufriedenheit kein guter Ratgeber ist.

Gedanken und Gefühle zum Thema (Position 1)
Sorgen und Zweifel haben/ Verlustangst/ Unzufriedenheit spüren/ etwas bereitet einem Kummer/ die Angelegenheit ist zum Scheitern verurteilt, geht Richtung Verlust/ sich auf Bescheidenheit besinnen.

Was brauche ich noch? (Position 2)
Die Sorgen nicht aufzubauschen/ den Zweifel nicht Oberhand gewinnen lassen/ lieber zu verzichten/ dem Kummer abzuschwören/ dem Pessimismus etwas Positives entgegenzusetzen.

Der nächste Schritt, dies tun/ Ratschlag (Position 3)
Durch die Angst hindurchgehen/ trotz Zweifel etwas wagen/ den Kummer überwinden/ sich an den kleinen Dingen erfreuen/ es einfach halten/ mit seinen Ressourcen haushalten.

Legung Hand/ Loslassen

Bilanz ziehen und Verantwortung übernehmen (Position 5)
Dass man die Opferrolle ablegen sollte/ die Unzufriedenheit einen nur runterzieht/ Ängste und Sorgen einen handlungsunfähig machen/ Angelegenheiten bereinigen/ auf Überflüssiges verzichten/ dass man es einfach halten sollte.

Legung Berg/ Blockade

Dies kann man tun, um die Angelegenheit zu klären (Position 5)
Seine Wahrnehmung schärfen/ sich auf kleine Dinge konzentrieren/ Fehler in eine Tugend verwandeln oder sich damit abfinden/ sich Pessimismus abgewöhnen, sich im positiven Denken üben/ die Vor- und Nachteile abwägen/ den richtigen Umgang mit seinen Ressourcen finden/ Demut und Bescheidenheit entwickeln.

Da wird von außen geholfen, unterstützt (Position 7)
Negative Auswirkungen werden deutlich/ Verlust im Leben sortiert Überholtes, nicht mehr zu einem Passendes, aus/ Verzicht macht Platz für Wesentliches/ andere helfen dabei, Ängste und Zweifel zu überwinden.

Legung Hand/ Loslassen

Die Erleichterung, das positive Resultat des Loslassens (Position 8)
Kummer und Sorgen überwinden und hinter sich lassen/ ohne Wehmut etwas loslassen/ auf Überflüssiges verzichten/ Ängste loslassen und sich nicht mehr davon beherrschen lassen/ man besinnt sich auf Bescheidenheit und Demut/ man sieht das Geschenk in den kleinen Dingen, die einem ansonsten als selbstverständlich erscheinen.

Legung Berg/ Blockade

Die Lösung der Blockade (Position 8)
Sich von alten, überholten Ansichten trennen/ auf Dinge verzichten, die man nicht wirklich braucht/ Ängste überwinden/ etwas Nützliches aus der Situation machen/ den Mangel in etwas Wertvolles verwandeln/ positiver denken/ zuversichtlicher sein.

Karte 24 – Das Herz

Thema, um das es dabei geht: Liebe, sich verlieben. Herzliche Zuneigung/ Atmosphäre. Herzlichkeit, Hilfsbereitschaft. Der Herzbube = das zweite Kind vom gleichen Geschlecht, also die zweite Tochter oder der zweite Sohn, ab einem Alter von 7 Jahren, also wenn das Kind in die Schule geht.

Zeitaussage: Keine Zeitaussage, ggf. 1 Tag/ Woche/ Monat/ Jahr.

Psychologischer Aspekt: Einfühlsam sein, liebevoll, hilfsbereit, zärtlich, kompromissbereit, mitfühlend, verständnisvoll.

Legung Hand/ Loslassen

Was schon da ist, woran ich festhalte oder was mich festhält (Position 6)
Zuneigung/ Liebe/ Einfühlungsvermögen/ Anziehungskraft/ Entscheidung zwischen Herz und Verstand.

Legung Berg/ Blockade

Was blockiert mich? Was ist das Problem? (Position 6)
Verliebtheit/ Aufopferung/ Kompromiss/ Entscheidung aus dem Herzen heraus/ dass man nicht kompromissbereit ist/ einem Verständnis für andere fehlt/ man kein Mitgefühl hat.

Was sehe ich nicht? (Position 4)
Dass man die rosarote Brille aufhat/ dass man auf Wolke sieben schwebt/ die Schmetterlinge im Bauch einen in Hochstimmung versetzen/ man sich für jemanden oder die Sache aufopfert.

Gedanken und Gefühle zum Thema (Position 1)
Zuneigung/ Liebe/ Einfühlungsvermögen/ Anziehungskraft/ Verliebtheit/ Hilfe bekommen oder geben.

Was brauche ich noch? (Position 2)
Dankbarkeit/ eine Einigung oder einen Kompromiss/ mehr Selbstliebe/ Heilung/ Empathie.

Der nächste Schritt, dies tun/ Ratschlag (Position 3)
Mit emotionaler Intelligenz Entscheidungen treffen/ Nächstenliebe verspüren und zeigen/ Verständnis für den anderen aufbringen/ sich selbst oder den anderen lieben und wertschätzen.

Legung Hand/ Loslassen

Bilanz ziehen und Verantwortung übernehmen (Position 5)
Sich etwas zutrauen und sich ein Herz fassen, um etwas zu tun, was man sich ansonsten nicht traut/ negative Gefühle überwinden/ Unterschiede und Meinungsverschiedenheiten anerkennen/ auf sein Herz vertrauen, um eine Entscheidung zu treffen/ an Herzenswünschen festhalten/ seine Liebe strahlen lassen und Positives anziehen.

Legung Berg/ Blockade

Dies kann man tun, um die Angelegenheit zu klären (Position 5)
Sich selbst oder anderen vergeben/ sein Herz öffnen/ Selbstliebe praktizieren/ eine Balance zwischen Geben und Nehmen herstellen/ Dankbarkeit beweisen/ eine Einigung oder einen Kompromiss erlangen/ sein Herz fragen.

Da wird von außen geholfen, unterstützt (Position 7)
Das Positive übt eine Anziehungskraft aus, an der man sich orientiert/ ein Friedensangebot/ ein Kompromiss wird angeboten/ eine gute Stimmung entspannt die Situation/ der andere vergibt einem etwas und zeigt Verständnis.

Legung Hand/ Loslassen

Die Erleichterung, das positive Resultat des Loslassens (Position 8)

Heilung geschieht/ man empfindet Dankbarkeit/ Vergebung heilt die Wunden der Vergangenheit/ eine Einigung wird möglich/ erlangtes Verständnis baut eine Brücke zum anderen/ Mitgefühl kann ausgedrückt werden/ die emotionale Intelligenz zeigt einem den Weg/ man lässt das Herz sprechen/ man erfüllt sich einen Herzenswunsch.

Legung Berg/ Blockade

Die Lösung der Blockade (Position 8)

Der Heilungsprozess kann beginnen/ ein Gleichgewicht zwischen Geben und Nehmen wird erreicht/ die Aufopferung wird beendet/ ein Friedensangebot wird angenommen/ sich für sein Herz entscheiden/ sich einen Herzenswunsch erfüllen.

Karte 25 – Der Ring

Thema, um das es dabei geht: An etwas gebunden sein. Verbindung, Beziehung, Ehe. Verträge jeder Art. Verpflichtung, Verein. Wiederholung, sich im Kreis drehen oder auch Routine. Vollendung, etwas abrunden, abschließen.

Zeitaussage: Geschlossene Periode, bis zu 7 Jahre.

Psychologischer Aspekt: Routiniert, verbindlich sein, verantwortungsvoll, an Ritualen festhaltend.

Legung Hand/ Loslassen

Was schon da ist, woran ich festhalte oder was mich festhält (Position 6)
Routine/ immer wieder das Gleiche, Wiederholung/ Verantwortung/ Verbundenheit/ Verbindlichkeit.

Legung Berg/ Blockade

Was blockiert mich? Was ist das Problem? (Position 6)
Sich wie im Hamsterrad fühlen/ Routine, die einen langweilt/ eine Verbundenheit, der man sich verpflichtet fühlt/ Verbindlichkeiten, die erfüllt werden wollen.

Was sehe ich nicht? (Position 4)
Dass Routine zum Leben dazugehört/ dass man für Absprachen und Vereinbarungen geradesteht/ eine Verbundenheit mit jemandem da ist/ Wiederholungen auch wichtig sind und einem Sicherheit geben.

Gedanken und Gefühle zum Thema (Position 1)
Ein Zyklus ist abgeschlossen und man kann sich Neuem widmen/ Vollkommenheit/ Beziehungen/ Verträge/ Verantwortung/ Verbundenheit/ Ehe und Partnerschaft.

Was brauche ich noch? (Position 2)
Mehr miteinander unternehmen/ ein Zugehörigkeitsgefühl entwickeln/ einen Zusammenhang entdecken/ ein Muster erkennen/ Verantwortung übernehmen/ Verbindlichkeiten erfüllen.

Der nächste Schritt, dies tun/ Ratschlag (Position 3)
Ein verlässlicher Partner in Beziehung und Beruf sein/ etwas mit anderen zusammen machen/ sich an jemanden binden/ ein Versprechen einlösen/ Verbindlichkeiten erfüllen.

Legung Hand/ Loslassen

Bilanz ziehen und Verantwortung übernehmen (Position 5)
Verantwortung für die Beziehung tragen/ ein Versprechen geben/ sich an sein Wort halten/ den Zusammenhang erkennen/ Verbundenheit nach außen hin zeigen, z. B. durch eine Heirat.

Legung Berg/ Blockade

Dies kann man tun, um die Angelegenheit zu klären (Position 5)
Die Routine durchbrechen und frischen Wind in die Sache oder Beziehung bringen/ eine Periode zum Abschluss bringen/ Wiederholungen vermeiden/ das Ganze betrachten und die Zusammenhänge durchschauen.

Da wird von außen geholfen, unterstützt (Position 7)
Ein Heiratsantrag/ ein geschäftliches Angebot, Vertrag/ Angebote von anderen, die verlässlich sind/ der andere zeigt einem seine Verbundenheit/ Routine kann einem Sicherheit vermitteln/ wenn sich jemand als verlässlicher Partner erweist.

Legung Hand/ Loslassen

Die Erleichterung, das positive Resultat des Loslassens (Position 8)
Das Miteinander mit Leben füllen/ Zweisamkeit genießen/ Begegnungen, die positiv verlaufen/ Zusammenhänge, die einem klar werden/ die Vollkommenheit der Situation anerkennen.

Legung Berg/ Blockade

Die Lösung der Blockade (Position 8)
Etwas besiegeln, was vorher besprochen wurde/ Verantwortung übernehmen/ sich an Absprachen halten/ sein Versprechen einlösen/ sich an jemanden binden.

Karte 26 – Das Buch

Thema, um das es dabei geht: Etwas Unbekanntes, Geheimnis, verborgen. Etwas ist noch nicht spruchreif. Schweigsamkeit, dichtmachen, sich verschließen oder auch ein Kapitel abschließen. Bücher, Schriftliches, Papier. Lernen, Schule, Studium, Weiterbildung. Wissen weitergeben = lehren.

Zeitaussage: Noch nicht spruchreif, in Zukunft.

Psychologischer Aspekt: Rätselhaft, unvorhersehbar, sich selbst infrage stellen, ein Geheimnis für sich behalten können, schweigsam, unaufgeschlossen sein.

Legung Hand/ Loslassen

Was schon da ist, woran ich festhalte oder was mich festhält (Position 6)
Geheimnis/ man ist unnahbar/ man behält ein Geheimnis für sich/ man stellt sich selbst infrage.

Legung Berg/ Blockade

Was blockiert mich? Was ist das Problem? (Position 6)
Man ist verschlossen und schweigsam/ man lässt niemanden an sich heran/ man schweigt, wo man sprechen sollte, hat Geheimnisse/ Besserwisserei/ man kehrt Wichtiges unter den Teppich.

Was sehe ich nicht? (Position 4)
Dass der andere die Hintergründe nicht kennt/ unser Wissen kostbar ist und geteilt werden sollte/ seine Erfahrungen nicht umsonst sind/ die Dinge zu hinterfragen, um zu einem Ergebnis zu kommen.

Gedanken und Gefühle zum Thema (Position 1)
Geheimnis/ Verborgenes/ Schweigen/ Verschlossenheit/ Unnahbarkeit/ Lernen/ Wissen/ Erkenntnis.

Was brauche ich noch? (Position 2)
Man braucht mehr Informationen, um die Fragen zu klären/ sein Wissen mit anderen zu teilen/ seine Erfahrungen auszutauschen/ das Schweigen zu brechen.

Der nächste Schritt, dies tun/ Ratschlag (Position 3)
Sein Wissen mit anderen teilen/ mehr Informationen sammeln/ sich selbst auch mal hinterfragen/ nach den tieferen Gründen suchen/ mit den anderen ins Gespräch kommen.

Legung Hand/ Loslassen

Bilanz ziehen und Verantwortung übernehmen (Position 5)
Die Herausforderung des Lebens annehmen/ Heimlichkeiten vermeiden oder unterlassen/ sein Wissen mit anderen teilen/ sein Unbewusstes ergründen/ den Lernprozess erkennen/ mit anderen kommunizieren.

Legung Berg/ Blockade

Dies kann man tun, um die Angelegenheit zu klären (Position 5)
Das Schweigen brechen und miteinander sprechen/ ein Geheimnis für sich behalten/ sich einsichtig zeigen/ sein Wissen weitergeben/ mehr lernen und recherchieren/ das Rätsel lösen/ seine Lebenserfahrung nutzen.

Da wird von außen geholfen, unterstützt (Position 7)
Viel Wissen, das sich im Laufe der Menschheitsgeschichte angesammelt hat/ wichtige Informationen, die einem weiterhelfen/ Gesprächsangebot/ Lernmöglichkeiten wie Schule, Studium oder Berufsausbildung.

Legung Hand/ Loslassen

Die Erleichterung, das positive Resultat des Loslassens (Position 8)
Sein Wissen teilen/ Einsicht signalisieren/ Erkenntnisse verarbeiten und danach handeln/ Unbewusstes besser spüren und nutzen/ Lebenserfahrung, die einen reifen lässt.

Legung Berg/ Blockade

Die Lösung der Blockade (Position 8)
Wieder in Kontakt kommen mit anderen durch Gespräche/ sein Wissen erweitern/ Erkenntnisprozesse zulassen/ sein Geheimnis mitteilen/ nichts mehr unter den Teppich kehren/ Lebenserfahrungen, die einen wachsen lassen.

Karte 27 – Der Brief

Thema, um das es dabei geht: Brief, Schriftstück, Papier, Visitenkarte, E-Mail, SMS, Post, ggf. Telefonat oder Vertrag. Kommunikation, Kontakte knüpfen. Nachricht, Neuigkeiten. Kurzlebigkeit. Etwas Vorübergehendes, Oberflächliches, fehlende Tiefe.

Zeitaussage: Nur für kurze Zeit bzw. schnell, bald, wenige Tage.

Psychologischer Aspekt: Sich mitteilen, redegewandt, leicht ins Gespräch kommen, kommunikativ sein, kontaktfreudig, oberflächlich.

Legung Hand/ Loslassen

Was schon da ist, woran ich festhalte oder was mich festhält (Position 6)
Nachricht/ Kontakt/ Gedanken/ Ideen/ Kommunikation/ Oberflächlichkeit/ Neuigkeiten.

Legung Berg/ Blockade

Was blockiert mich? Was ist das Problem? (Position 6)
Keine Nachricht bekommen/ Kontakt bleibt aus oder ist schwierig/ zu viele Ideen schwirren im Kopf herum/ die Kommunikation ist eher oberflächlich/ zu viele Informationen, werden nicht verarbeitet.

Was sehe ich nicht? (Position 4)
Dass man das Thema zerredet/ es keine gemeinsame Kommunikationsebene gibt/ vor lauter Ideen nichts umgesetzt wird/ Informationen, die für einen wichtig sind.

Gedanken und Gefühle zum Thema (Position 1)
Nachricht/ reger Kontakt/ Gedanken und Ideen/ wichtige Kommunikation/ Oberflächlichkeit/ viele Neuigkeiten.

Was brauche ich noch? (Position 2)
Neue Impulse und Informationen zum Thema/ einen regen Austausch miteinander/ Nachricht eines bestimmten Menschen/ mehr Kontakt/ ein klärendes Gespräch/ Ideen, die umsetzbar sind.

Der nächste Schritt, dies tun/ Ratschlag (Position 3)
Mit anderen ins Gespräch kommen/ Informationen sammeln/ Nachrichten senden oder erhalten/ Ideen in die Tat umsetzen/ sich gesprächsbereit zeigen/ etwas schriftlich machen/ Kontakte nutzen.

Legung Hand/ Loslassen

Bilanz ziehen und Verantwortung übernehmen (Position 5)
Die Art der Kommunikation verbessern/ Impulse nutzen, um weiterzukommen/ ein Treffen verabreden/ ein Gespräch führen/ Gedanken austauschen, um sich gegenseitig besser zu verstehen und mehr Verständnis für den anderen zu entwickeln.

Legung Berg/ Blockade

Dies kann man tun, um die Angelegenheit zu klären (Position 5)
Kontakt aufnehmen/ eine Nachricht, Brief, E-Mail schreiben/ ein Gespräch in aller Offenheit führen/ seine Meinung sagen/ das Schweigen beenden und Kontakt aufnehmen/ Kontakte nutzen.

Da wird von außen geholfen, unterstützt (Position 7)
Gleichgesinnte, die ähnliche Interessen haben/ Kontakte jeglicher Art/ Unterhaltungen mit anderen Menschen/ Nachrichtendienste/ das Internet.

Legung Hand/ Loslassen

Die Erleichterung, das positive Resultat des Loslassens (Position 8)
Worte nicht auf die Goldwaage legen/ entspannt auf Antwort warten/ aufgrund der Informationsflut nicht resignieren/ Nachrichten filtern, nicht alles ist für einen wichtig/ Kontakte nicht erzwingen, sondern geschehen lassen/ eine Anziehungskraft der Ruhe ausstrahlen.

Legung Berg/ Blockade

Die Lösung der Blockade (Position 8)
Kontakt und Austausch ist wieder möglich/ Informationen gehen hin und her/ wichtige Gespräche werden geführt/ Neuigkeiten werden ausgetauscht/ Ideen verwirklicht/ Gedanken sind kreativ und nicht mehr nur oberflächlich.

Karte 28 – Der Herr

Thema, um das es dabei geht: Karte für den Fragesteller. Fester Partner, Ehemann, Hauptperson. Sonst ein Hinweis auf Aktivität, ins Handeln kommen oder etwas geben (= das männliche Prinzip).

Zeitaussage: Zeit, jetzt aktiv zu werden, ins Handeln zu kommen.

Psychologischer Aspekt: Willensstark, autoritär, ehrgeizig, mutig, dominant.

Legung Hand/ Loslassen

Was schon da ist, woran ich festhalte oder was mich festhält (Position 6)
Ehrgeiz/ starker Wille, Mut/ Durchsetzungskraft/ Dominanz.

Legung Berg/ Blockade

Was blockiert mich? Was ist das Problem? (Position 6)
Seinen Willen durchsetzen wollen/ zu ehrgeizig sein/ zu autoritär auftreten/ alles an sich reißen/ Dominanz.

Was sehe ich nicht? (Position 4)
Dass die anderen selbst entscheiden möchten/ man nicht alles bestimmen kann/ einen der Ehrgeiz nicht zerfressen darf/ nur Willenskraft allein nicht ausreicht.

Gedanken und Gefühle zum Thema (Position 1)
Wille/ Ehrgeiz/ Mut und Durchsetzungskraft nutzen/ Dominanz zeigen.

Was brauche ich noch? (Position 2)
Mut, um aktiv zu werden/ den Willen, es auch umzusetzen und anzupacken/ die Durchsetzungskraft, sein Ziel zu verfolgen/ das Durchhaltevermögen, um nicht aufzugeben.

Der nächste Schritt, dies tun/ Ratschlag (Position 3)
Mit aller Entschlossenheit ins Handeln kommen/ seine Willensstärke nutzen, um voranzukommen/ ehrgeizig sein Ziel verfolgen/ mutig Neuland betreten/ durchhalten und nicht aufgeben.

Legung Hand/ Loslassen

Bilanz ziehen und Verantwortung übernehmen (Position 5)
Herausfinden, was man wirklich will/ seinen Willen für die richtige Sache einsetzen/ dort Ausdauer zeigen, wo es sich lohnt/ mit Durchhaltevermögen sein Ziel oder seinen Traum verfolgen und verwirklichen/ mutig für seine Ideale einstehen.

Legung Berg/ Blockade

Dies kann man tun, um die Angelegenheit zu klären (Position 5)
Mit Tatkraft sein Ziel verfolgen/ mit Mut und Entschlossenheit die Angelegenheit meistern/ sich vom Ehrgeiz leiten lassen/ Durchhaltevermögen beweisen/ entschieden vorangehen und sich nicht aufhalten lassen/ die Sache in die Hand nehmen.

Da wird von außen geholfen, unterstützt (Position 7)
Ziele, die einem lohnenswert erscheinen/ Aktivitäten, die einem Spaß machen/ Gelegenheiten, die einen zum Handeln auffordern/ Möglichkeiten, seinen Willen durchzusetzen.

Legung Hand/ Loslassen

Die Erleichterung, das positive Resultat des Loslassens (Position 8)
Dass man wieder ins Handeln kommt/ aktiv am Leben teilnimmt/ keine Angst hat, seine Stärke zu zeigen/ dass sich Durchhalten gelohnt hat/ man Meister/ Meisterin seines Lebens ist.

Legung Berg/ Blockade

Die Lösung der Blockade (Position 8)
Man wird wieder aktiv und nimmt die Sache in die Hand/ hat sich entschlossen, mutig voranzugehen/ besinnt sich auf seinen Ehrgeiz und seine Stärken, um durchzuhalten/ weiß, was man will und setzt dies auch um/ nicht aufzugeben, sondern am Ball zu bleiben.

Karte 29 – Die Dame

Thema, um das es dabei geht: Karte für die Fragestellerin. Feste Partnerin, Ehefrau, Hauptperson. Sonst ein Hinweis auf Passivität, abwarten oder etwas bekommen/ erhalten (= das weibliche Prinzip).

Zeitaussage: Zeit, jetzt erst mal abzuwarten, passiv zu bleiben.

Psychologischer Aspekt: Nährend, schützend, vermittelnd, empfänglich, passiv, abwartend.

Legung Hand/ Loslassen

Was schon da ist, woran ich festhalte oder was mich festhält (Position 6)
Abwarten, passiv sein/ von anderen etwas bekommen/ geduldig sein und warten können/ jemanden umsorgen/ jemanden beschützen/ zwischen Streitenden vermitteln wollen.

Legung Berg/ Blockade

Was blockiert mich? Was ist das Problem? (Position 6)
Selbst zu passiv zu sein/ zu empfindsam zu sein/ andere beschützen zu wollen/ zu lange zu warten/ immer vermitteln zu wollen/ sich immer um alles kümmern zu wollen.

Was sehe ich nicht? (Position 4)
Dass jeder seine Herausforderung überwinden muss/ man nicht immer unterstützen sollte/ zu passiv zu sein und sich nicht der Situation angemessen zu verhalten.

Gedanken und Gefühle zum Thema (Position 1)
Abwarten, passiv sein/ von anderen etwas bekommen/ geduldig sein und warten können/ jemanden umsorgen/ jemanden beschützen/ zwischen Streitenden vermitteln wollen.

Was brauche ich noch? (Position 2)
Geduld, um abwarten zu können/ Passivität/ etwas annehmen können/ eine positive Einstellung entwickeln/ Schwächeren helfend zur Seite stehen/ Hilfsbedürftige beschützen.

Der nächste Schritt, dies tun/ Ratschlag (Position 3)
Sich Zeit lassen/ abwarten und geduldig sein/ die Situation so annehmen, wie sie ist/ positiv nach vorne schauen und Gutes erwarten/ Hilfe und Unterstützung anbieten.

Legung Hand/ Loslassen

Bilanz ziehen und Verantwortung übernehmen (Position 5)
Zu erkennen, nichts tun zu müssen und alles auf sich zukommen zu lassen/ etwas annehmen können, ohne sich schlecht dabei zu fühlen/ sich selbst und andere nähren und schützen.

Legung Berg/ Blockade

Dies kann man tun, um die Angelegenheit zu klären (Position 5)
Abwarten und die Dinge sich entwickeln lassen/ die anderen besänftigen und zwischen ihnen vermitteln/ sich einfühlsam zeigen/ Unterstützung anzubieten/ mitfühlend sein.

Da wird von außen geholfen, unterstützt (Position 7)
Eine Angelegenheit, die noch keine Entscheidung erfordert/ eine Atmosphäre, die Mitgefühl vermittelt/ ein Umfeld, das einem Schutz und Geborgenheit bietet.

Legung Hand/ Loslassen

Die Erleichterung, das positive Resultat des Loslassens (Position 8)
Mit innerer Ruhe kann man die Dinge auf sich zukommen lassen/ die Situation so annehmen zu können, wie sie gerade ist/ etwas ohne ein Gefühl der Verpflichtung annehmen können.

Legung Berg/ Blockade

Die Lösung der Blockade (Position 8)
Die Vorstellung, etwas tun zu müssen, vergeht/ das Ergebnis nicht mehr beeinflussen zu wollen/ sich den Gegebenheiten anzupassen/ die Angelegenheit so anzunehmen, wie sie gerade ist.

Karte 30 – Die Lilie

Thema, um das es dabei geht: Harmonie, Zufriedenheit, im Gleichgewicht sein, Frieden, Ruhe. Innere Balance, seine Mitte gefunden zu haben, mit sich im Frieden sein. Sexualität, Intimes. Familie. Der Pikkönig = ein Mann, der älter als die fragende Person ist. Sonst der Vater oder auch die Vaterrolle.

Zeitaussage: Winter, Schnee (wegen der weißen Farbe).

Psychologischer Aspekt: Im Gleichgewicht sein, harmonisch, friedlich, dankbar sein, innere Ruhe finden.

Legung Hand/ Loslassen

Was schon da ist, woran ich festhalte oder was mich festhält (Position 6)
Zufriedenheit, die träge macht/ Harmoniesucht/ aus dem Gleichgewicht gefallen/ sich durch Dankbarkeit verpflichtet fühlen.

Legung Berg/ Blockade

Was blockiert mich? Was ist das Problem? (Position 6)
Seine innere Mitte verloren zu haben/ aus dem Gleichgewicht geraten/ seine Unschuld verloren/ keine Harmonie verbreiten und empfinden/ Undankbarkeit/ Harmoniesucht/ Zufriedenheit, die träge macht/ Dankbarkeit, die einem das Gefühl gibt, verpflichtet zu sein.

Was sehe ich nicht? (Position 4)
Dass man etwas für die Harmonie zwischen zwei Menschen tun muss/ das Gleichgewicht verloren gegangen ist/ man nicht ganz unschuldig an der Situation ist/ man selbst dafür sorgen muss, seine Mitte zu finden.

Gedanken und Gefühle zum Thema (Position 1)
Inneres Gleichgewicht/ Harmonie/ Ausgleich zwischen Beruf und Privatleben/ Sexualität/ Hingabe/ Gelassenheit/ Friede/ Dankbarkeit.

Was brauche ich noch? (Position 2)
Mehr Gelassenheit entwickeln/ für Zufriedenheit sorgen/ harmonischere Beziehungen pflegen/ mit Hingabe am Thema arbeiten/ seine innere Mitte wiederfinden.

Der nächste Schritt, dies tun/ Ratschlag (Position 3)
Sein inneres Gleichgewicht finden/ auf Ausgleich von Beruf und Privatleben achten/ für Ausgleich sorgen/ Harmonie schaffen/ Sinnlichkeit leben/ Dankbarkeit empfinden und ausdrücken/ Meditation praktizieren und die innere Mitte finden.

Legung Hand/ Loslassen

Bilanz ziehen und Verantwortung übernehmen (Position 5)
Harmonie schaffen, indem man Dankbarkeit zeigt/ Frieden schaffen/ sich Ruhe gönnen und ins Gleichgewicht kommen/ Gelassenheit entwickeln/ seinen Anteil am Unfrieden erkennen und beseitigen.

Legung Berg/ Blockade

Dies kann man tun, um die Angelegenheit zu klären (Position 5)
Mehr Harmonie und Hingabe leben/ Dankbarkeit ausdrücken/ innere Ruhe finden/ ins Gleichgewicht kommen/ Zufriedenheit anstreben/ Ausgleich schaffen.

Da wird von außen geholfen, unterstützt (Position 7)
Eine harmonische Atmosphäre/ Partnerschaft und Beziehungen, die im Gleichgewicht sind/ Ruhe und Entspannung im Umfeld/ Menschen um einen herum, die zufrieden sind/ Situationen, die Frieden schaffen.

Legung Hand/ Loslassen

Die Erleichterung, das positive Resultat des Loslassens (Position 8)

Harmonie stellt sich ein/ Erleichterung macht sich breit/ Ruhe breitet sich aus/ die eigene Mitte finden/ Dankbarkeit ausstrahlen und Positives anziehen/ Schönheit in den Dingen erkennen/ Friede kehrt ein/ Lust und Leidenschaft verbessern die Sexualität.

Legung Berg/ Blockade

Die Lösung der Blockade (Position 8)

Streit wird geschlichtet und Frieden kehrt ein/ Harmonie kann entstehen/ Dankbarkeit zeigen/ man kann dem anderen in der Situation wieder mehr entgegenkommen/ die Gemüter beruhigen sich/ es wird wieder ein Gleichgewicht zwischen allen Beteiligten geschaffen.

Karte 31 – Die Sonne

Thema, um das es dabei geht: Licht haben = etwas sehen, erkennen können. Viel Energie, Kraft, Power und eine gewisse Ausstrahlung/ Anziehungskraft haben. Etwas Schönes, Positives oder etwas geht gut aus. Schöne oder energiereiche Zeit. Lebensfreude, Optimismus.

Zeitaussage: Sonnenaufgang bis mittags, Tag, Sommer.

Psychologischer Aspekt: Lebensfreude versprühen, energiegeladen sein, optimistisch, wohlgesonnen, extrovertiert, anziehendes Wesen haben, das Gute annehmend, charismatisch, positiv, heiter.

Legung Hand/ Loslassen

Was schon da ist, woran ich festhalte oder was mich festhält (Position 6)
Erfolg/ Selbstbewusstsein/ Lebensfreude/ Fülle/ Wärme/ Willenskraft/ Optimismus.

Legung Berg/ Blockade

Was blockiert mich? Was ist das Problem? (Position 6)
Von Anerkennung abhängig sein/ mehr Schein als Sein/ geltungsbedürftig sein/ zu viel Energie einsetzen, übermotiviert sein/ zu viel wollen und übertreiben/ zu schnell entflammt sein für neue Ideen/ Burnout-Gefahr/ Hitzkopf

Was sehe ich nicht? (Position 4)
Wo Licht ist, ist auch Schatten/ dass alles zu optimistisch gesehen wird durch die rosarote Brille/ es einen viel Energie kostet/ die Lebensfreude zu kurz kommt/ man sich zu viel zumutet.

Gedanken und Gefühle zum Thema (Position 1)
Erfolg verbuchen/ Selbstbewusstsein zeigen/ Lebensfreude versprühen/ Fülle/ Wärme empfinden/ Willenskraft/ Optimismus.

Was brauche ich noch? (Position 2)
Mehr Energie und Ausdauer, um das Ziel zu erreichen/ eine optimistische Einstellung/ Ausstrahlung, die andere überzeugt/ Anziehungskraft haben/ dass das Projekt gelingt, alles gut wird/ mehr Lebensfreude entwickeln.

Der nächste Schritt, dies tun/ Ratschlag (Position 3)
Alle Kraft und Power für die Sache einsetzen/ Optimismus entwickeln/ an seinen Erfolg glauben/ gute Energien und Lebensfreude verbreiten/ Selbstbewusstsein entwickeln.

Legung Hand/ Loslassen

Bilanz ziehen und Verantwortung übernehmen (Position 5)
Für Fülle und Wärme sorgen/ seinen Willen durchsetzen/ an sich und seinen Erfolg glauben/ Optimismus versprühen/ Prioritäten setzen.

Legung Berg/ Blockade

Dies kann man tun, um die Angelegenheit zu klären (Position 5)
Sich mit aller Kraft der Situation widmen/ auf ein gutes Ergebnis vertrauen/ selbstbewusst seinen Standpunkt klarmachen/ Lebensfreude verbreiten.

Da wird von außen geholfen, unterstützt (Position 7)
Eine energiegeladene Atmosphäre/ positive Voraussetzungen/ Optimismus und Lebensfreude im Umfeld/ ein Platz an der Sonne/ Fülle, die einen umgibt.

Legung Hand/ Loslassen

Die Erleichterung, das positive Resultat des Loslassens (Position 8)
Zu wissen, alles wird gut/ die Fülle und den Erfolg genießen/ auf seine Anziehungskraft vertrauen/ positiv denken und vertrauen/ mit Heiterkeit die Dinge anpacken/ selbstbewusst das Gute erwarten.

Legung Berg/ Blockade

Die Lösung der Blockade (Position 8)
Sich vom Optimismus anstecken lassen/ mehr Ausstrahlung bekommen/ wieder erfolgreich sein/ Kraft und Energie tanken/ seinen Optimismus wiedererlangen/ seine Willenskraft für seine Ziele einsetzen.

Karte 32 – Der Mond

Thema, um das es dabei geht: Gefühle, Anziehungskraft. Psyche, Sensibilität, Intuition. Träume. Anerkennung, Erfolg. Mediale Fähigkeiten (in Anlehnung an die Mondmagie).

Zeitaussage: 4 Wochen, Abend- oder Frühdämmerung.

Psychologischer Aspekt: Selbstreflektierend, introvertiert, sentimental, sensitiv, gefühlvoll, sensibel, feinfühlig.

Legung Hand/ Loslassen

Was schon da ist, woran ich festhalte oder was mich festhält (Position 6)
Feingefühl/ Sensibilität/ Sentimentalität/ Mediale Fähigkeiten/ Intuition/ Erfolg/ Anerkennung/ Gefühle/ Träume.

Legung Berg/ Blockade

Was blockiert mich? Was ist das Problem? (Position 6)
Sentimentalität/ zu sensibel sein/ Gefühle anderer zu stark aufzunehmen/ dass man sich zu sehr in sich selbst zurückzieht/ zu empfindlich reagiert/ nach Anerkennung heischen/ erfolgreich sein wollen/ man verletzte Gefühle hat.

Was sehe ich nicht? (Position 4)
Seiner Intuition zu vertrauen/ auf seine Gefühle zu hören/ dass Sensibilität etwas Wertvolles ist/ Erfolg einem nicht in den Schoß fällt/ Anerkennung anderer einen nicht glücklich macht.

Gedanken und Gefühle zum Thema (Position 1)
Feingefühl und Sensibilität zeigen/ Sentimentalität/ Mediale Fähigkeiten/ Intuition/ Erfolg und Anerkennung/ Gefühle/ Träume.

Was brauche ich noch? (Position 2)
Sich auf seine Gefühle und Intuition zu verlassen/ seinen Träumen zu folgen/ sensibel mit der Angelegenheit umzugehen/ Erfolg und Anerkennung anzustreben/ mediale Fähigkeiten zu entwickeln.

Der nächste Schritt, dies tun/ Ratschlag (Position 3)
Einfühlsam und sensibel mit den Menschen umzugehen/ an seinen Träumen festzuhalten/ an seinem Erfolg zu arbeiten/ seinen Gefühlen zu vertrauen und intuitiv zu handeln/ sich auf sich selbst besinnen/ Feingefühl beweisen.

Legung Hand/ Loslassen

Bilanz ziehen und Verantwortung übernehmen (Position 5)
Seine Träume verwirklichen/ sich auf seine Intuition und seine medialen Fähigkeiten verlassen/ seine Gefühle anerkennen und zeigen/ Sentimentalitäten überwinden/ sein inneres Licht finden und sich davon leiten lassen.

Legung Berg/ Blockade

Dies kann man tun, um die Angelegenheit zu klären (Position 5)
Mit Gefühl und Einfühlungsvermögen die Situation meistern/ intuitiv das Richtige tun/ verletzte Gefühle heilen/ sich selbst Anerkennung geben/ erkennen, was man für Träume hat.

Da wird von außen geholfen, unterstützt (Position 7)
Eine Atmosphäre, in der man Gefühle zeigen kann/ ein sensibles Umfeld mit einfühlsamen Menschen/ Menschen, die ihre Träume verwirklichen und als Vorbild dienen.

Legung Hand/ Loslassen

Die Erleichterung, das positive Resultat des Loslassens (Position 8)
Man ist mit seiner Intuition verbunden/ setzt seine Träume um/ Wertschätzung seiner Leistungen und damit zufrieden sein/ lässt Gefühle zu und sieht sie als wichtigen Hinweis darauf, was für einen gut oder nicht gut ist/ man lebt seine Medialität.

Legung Berg/ Blockade

Die Lösung der Blockade (Position 8)
Man bekommt wieder Zugang zu seinen Gefühlen/ kann seine Gefühle besser mitteilen und ausdrücken/ kann mit seiner Sensibilität besser umgehen und sich gegebenenfalls abgrenzen/ ist mit seiner Intuition verbunden, die einen leitet und den Weg aufzeigt/ man verwirklicht seine Träume.

Karte 33 – Der Schlüssel

Thema, um das es dabei geht: Etwas kommt mit Sicherheit, mit etwas rechnen können, Gewissheit. Sich für etwas öffnen, etwas in Gang setzen. Zuversicht, Sicherheit, Erfolg.

Zeitaussage: Zeit, sich jetzt zu öffnen.

Psychologischer Aspekt: Gewissheit haben, unvoreingenommen sein, sich öffnen, realistisch sein, lösungsorientiert sein, kompetent sein, aufgeschlossen sein, selbstsicher sein.

Legung Hand/ Loslassen

Was schon da ist, woran ich festhalte oder was mich festhält (Position 6)
Sicherheit/ Erfolg/ Öffnen für Neues/ Gewissheit erlangen/ Zuversicht/ mit etwas rechnen, einkalkulieren/ Lösung suchen/ Kompetenz.

Legung Berg/ Blockade

Was blockiert mich? Was ist das Problem? (Position 6)
Eine Klärung zu erzwingen/ seine Einstellung zu ändern, der Realität anzupassen/ eine Sicherheit bzw. Garantie zu erwarten/ sein Potenzial nicht zu kennen/ eine Lösung herbeizuführen/ seine Kompetenzen überschreiten.

Was sehe ich nicht? (Position 4)
Dass man sich Gewissheit verschaffen muss/ eine Lösung hermuss/ es wichtig ist, Konsequenzen zu ziehen/ die Realität eine andere ist/ Sicherheit Vorteile bietet/ kompetent zu handeln.

Gedanken und Gefühle zum Thema (Position 1)
Sicherheit/ Erfolg/ Öffnen für Neues/ Gewissheit erlangen/ Zuversicht/ mit etwas rechnen, einkalkulieren/ Lösung suchen/ Kompetenz.

Was brauche ich noch? (Position 2)
Realitätssinn, um die Lage richtig einzuschätzen/ eine Lösung, die zum Erfolg führt/ Fähigkeiten, etwas in Gang zu setzen/ Zuversicht, sich zu öffnen/ Offenheit und Seriosität/ Potenzial, mit dem man rechnen kann.

Der nächste Schritt, dies tun/ Ratschlag (Position 3)
Gewissenhaft nach einer Lösung suchen/ realistisch sein/ sich für den Erfolg öffnen/ eine Klärung herbeiführen/ mit Zuversicht an den Erfolg glauben/ unvoreingenommen an die Sache herangehen.

Legung Hand/ Loslassen

Bilanz ziehen und Verantwortung übernehmen (Position 5)
Die Lösung selbst in der Hand haben/ sein Potenzial leben und selbstsicher seinen Weg gehen/ kompetent am Ergebnis arbeiten/ sich Gewissheit verschaffen/ sich neuen Ideen und Impulsen öffnen.

Legung Berg/ Blockade

Dies kann man tun, um die Angelegenheit zu klären (Position 5)
Kein Wunder zu erwarten/ entschlossen an der Sache dranbleiben/ Engagement zeigen/ sich zuversichtlich den Aufgaben und Herausforderungen stellen/ realistisch die Situation einschätzen und sich neuen Ideen gegenüber öffnen.

Da wird von außen geholfen, unterstützt (Position 7)
Gelegenheiten, die einen zum Erfolg führen/ ein kompetentes Umfeld, von dem man profitieren kann/ der Umgang mit verlässlichen Menschen.

Legung Hand/ Loslassen

Die Erleichterung, das positive Resultat des Loslassens
Das Annehmen der Realität, so wie sie wirklich ist/ eine Klärung der Situation, die sich von alleine ergibt/ dass man seinen Fähigkeiten vertraut/ sich alles so fügt, wie es sein soll und richtig ist.

Legung Berg/ Blockade

Die Lösung der Blockade (Position 8)
Dass man sein Potenzial entfaltet/ ein Ergebnis erzielt werden kann/ eine Lösung gefunden wird/ dass man Engagement zeigen kann/ Zuversicht einem neue Türen öffnet/ man neue Ideen auf den Weg bringt.

Karte 34 – Die Fische

Thema, um das es dabei geht: Geld, Finanzen. Materielle Werte, Besitz, Kapital. Etwas vertieft sich, etwas fließt. Tiefstes Inneres, berührt uns, Seele. Wasser, Alkohol und zu viel davon = Sucht (z. B. zur Beruhigung oder Belohnung). Der Karokönig = ein Mann, der jünger als die fragende Person ist. Oder Bruder, Onkel, Freund.

Zeitaussage: Regenzeit ggf. Frühling/ Herbst.

Psychologischer Aspekt: Empfindlich sein, intuitiv sein, empathisch sein, sensibel sein, verträumt, im Einklang mit der Seele sein, verführbar sein, emotional.

Legung Hand/ Loslassen

Was schon da ist, woran ich festhalte oder was mich festhält (Position 6)
Geld/ Finanzen/ Besitz/ Sucht/ Träumerei/ Verführbarkeit/ Alkohol.

Legung Berg/ Blockade

Was blockiert mich? Was ist das Problem? (Position 6)
Materielle Themen/ Sucht/ Verführbarkeit/ die Seele, die krank ist/ Sensibilität/ Fantasie.

Was sehe ich nicht? (Position 4)
Dass Geld nicht alles ist/ die Seele Aufmerksamkeit braucht/ dass man nach etwas süchtig ist/ in eine Fantasiewelt abdriftet/ sich etwas vertieft, ins Fließen kommt.

Gedanken und Gefühle zum Thema (Position 1)
Geld und Finanzen/ materieller Besitz ist wichtig/ dass Sucht und Abhängigkeit krank macht/ Träumerei/ Verführbarkeit/ Alkohol.

Was brauche ich noch? (Position 2)
Mehr Realitätsbewusstsein, um nicht nur in seiner Fantasie zu leben/ Geld, damit man davon leben und sich finanzieren kann/ Einfühlungsvermögen, um die Signale seiner Seele zu verstehen/ eine starke Psyche, um Verführungen zu widerstehen oder Süchte zu bewältigen.

Der nächste Schritt, dies tun/ Ratschlag (Position 3)
Sich um seine Finanzen kümmern/ seinen seelischen Bedürfnissen Genüge tun/ Süchte in den Griff bekommen/ materielle Werte sichern und vermehren.

Legung Hand/ Loslassen

Bilanz ziehen und Verantwortung übernehmen (Position 5)
Sich seinen seelischen Bedürfnissen widmen und mit seiner Seele in Kontakt kommen/ finanziell gut für sich sorgen/ Werte schaffen/ sich belohnen und den seelischen Hintergrund der Sucht erkennen.

Legung Berg/ Blockade

Dies kann man tun, um die Angelegenheit zu klären (Position 5)
Tief in die Seele schauen/ sich seinen Süchten stellen/ gut für sich sorgen und seinen Besitz sichern/ mehr Geld verdienen.

Da wird von außen geholfen, unterstützt (Position 7)
Geld von anderen bekommen/ Erbschaft oder Schenkung/ Kredit/ seelische Unterstützung bekommen/ Therapie, um Süchte zu überwinden.

Legung Hand/ Loslassen

Die Erleichterung, das positive Resultat des Loslassens
Alles kann wieder ins Fließen kommen, so wie die Seele es braucht/ Geld und Wohlstand erwarten/ Süchte ablegen durch Loslassen von Mangelgedanken/ die Verbindung zu seiner Innenwelt ist rege und intakt.

Die Lösung der Blockade (Position 8)

Der Geldfluss setzt wieder ein/ die Finanzen erholen sich/ der Kontakt zu seiner Seele vertieft sich/ Träumerei nimmt ein Ende/ die Gefühlswelt kommt ins Gleichgewicht/ Sucht wird überwunden und Gleichgewicht wird erlangt.

Karte 35 – Der Anker

Thema, um das es dabei geht: Arbeit, Beruf. Ausbildung, Studium, Schule (bei jüngeren Personen). Beschäftigung, an etwas arbeiten, Hobby. Verankerung = sicher machen, etwas festmachen. Treue. Abhängigkeiten, nicht loslassen können, klammern. Ausland.

Zeitaussage: Zeit, sich jetzt damit zu beschäftigen.

Psychologischer Aspekt: Hoffnungsvoll sein, strebsam sein, klammern, vertrauen können, loslassen können, stetig an etwas arbeiten, fleißig sein.

Legung Hand/ Loslassen

Was schon da ist, woran ich festhalte oder was mich festhält (Position 6)
Arbeit/ Beruf/ Beschäftigung/ Ausbildung/ Treue/ Abhängigkeiten/ nicht loslassen wollen/ klammern.

Legung Berg/ Blockade

Was blockiert mich? Was ist das Problem? (Position 6)
Abhängigkeiten/ Arbeit, die einen nicht erfüllt/ nicht treu sein zu können/ an Beziehungen festhalten, die nicht guttun, sich daran klammern.

Was sehe ich nicht? (Position 4)
Dass Arbeit für den Lebensunterhalt erforderlich ist/ man an etwas arbeiten muss/ Abhängigkeiten unfrei machen/ dass an Menschen klammern nicht funktioniert und unselbstständig macht.

Gedanken und Gefühle zum Thema (Position 1)
Arbeit und Beruf/ Beschäftigung/ Ausbildung/ Treue/ Abhängigkeiten/ nicht loslassen wollen/ klammern.

Was brauche ich noch? (Position 2)
Arbeit, die zu einem passt/ Beharrlichkeit/ Engagement, um sein Ziel oder seine Ausbildung zu absolvieren.

Der nächste Schritt, dies tun/ Ratschlag (Position 3)
Beharrlich an der Sache arbeiten/ sein Ziel verfolgen/ fleißig sein und stetig an seiner Angelegenheit, z. B. Ausbildung, dranbleiben/ nicht klammern und unbeweglich sein/ Treue beweisen/ sich selbst treu sein und Abhängigkeiten beenden.

Legung Hand/ Loslassen

Bilanz ziehen und Verantwortung übernehmen (Position 5)
Mit Vertrauen an seinen Zielen arbeiten/ sich selbst treu bleiben/ sich von Abhängigkeiten lösen/ Dinge oder Menschen, die nicht mehr zu einem gehören, loslassen.

Legung Berg/ Blockade

Dies kann man tun, um die Angelegenheit zu klären (Position 5)
Negative Fixierungen loslassen und hoffnungsvoll in die Zukunft blicken/ eine Arbeit finden, die zu einem passt/ Abhängigkeiten beenden/ an sich arbeiten und sich entwickeln/ sich selbst treu bleiben und sich nicht verbiegen.

Da wird von außen geholfen, unterstützt (Position 7)
Eine Arbeitsstelle, die einen erfüllt/ ein Arbeitsklima, das Engagement begrüßt/ Menschen, die einem Sicherheit geben.

Legung Hand/ Loslassen

Die Erleichterung, das positive Resultat des Loslassens (Position 8)
Das Klammern wird von dem Vertrauen abgelöst, dass alles, was geschieht, so richtig für einen ist/ man sich Meinungen und Überzeugungen erarbeitet hat, die einen in seinem Leben verankern/ das Leben für einen arbeitet/ dass sich treu zu bleiben, einen authentisch sein lässt.

Legung Berg/ Blockade

Die Lösung der Blockade (Position 8)
Unsicherheiten verarbeitet werden/ man nicht mehr klammern muss/ Abhängigkeiten erkennen und lösen/ Ausdauer sich bezahlt macht/ Ausbildung oder Studium abgeschlossen werden/ loszulassen, was nicht mehr gut und richtig für einen ist.

Karte 36 – Das Kreuz

Thema, um das es dabei geht: Etwas Wichtiges, Schicksal, Karma. Prüfung, Probe, Lernaufgabe.

Zeitaussage: ca. 2-3 Wochen.

Psychologischer Aspekt: Sich selbst reflektieren, seine Beweggründe verstehen, in seiner Entwicklung voranschreiten, Denkanstöße nutzen, seine Lebenslektion lernen.

Legung Hand/ Loslassen

Was schon da ist, woran ich festhalte oder was mich festhält (Position 6)
Schicksal/ Karma/ Prüfung/ Selbsterkenntnis/ Glaube/ Bestimmung/ kosmisches Gesetz.

Legung Berg/ Blockade

Was blockiert mich? Was ist das Problem? (Position 6)
Eine Dringlichkeit und Wichtigkeit/ eine Notwendigkeit, die sich aufdrängt/ eine Prüfung, die das Leben einem stellt/ Schicksal, das sich nicht abwenden lässt/ eine Lektion, die gelernt werden möchte.

Was sehe ich nicht? (Position 4)
Dass Glaube Berge versetzen kann/ das Schicksal einem Lernaufgaben stellt, damit man sich entwickelt/ Selbsterkenntnis einem dabei hilft, seine Bestimmung zu finden/ kosmische Gesetze und Zusammenhänge wirken.

Gedanken und Gefühle zum Thema (Position 1)
Schicksal und Karma wirken/ eine Prüfung zu Selbsterkenntnis führt/ Glaube/ Bestimmung/ kosmische Gesetze wirken.

Was brauche ich noch? (Position 2)
Keine Bedingungen zu stellen/ Glaube und Gebet/ die Notwendigkeit der Situation zu erkennen/ sich der Prüfung zu stellen/ sein Schicksal anzunehmen/ Erfahrungen sammeln, um sein Schicksal zu bewältigen.

Der nächste Schritt, dies tun/ Ratschlag (Position 3)
Denkanstöße nutzen/ in seiner Entwicklung weiter vorankommen/ in eine innere Klausur gehen/ seiner inneren Stimme zuhören/ seine Bestimmung finden/ die Lernaufgabe annehmen.

Legung Hand/ Loslassen

Bilanz ziehen und Verantwortung übernehmen (Position 5)
Seine Lebensziele überprüfen/ die Stille suchen und in sich hineinhorchen, um die innere Stimme zu hören, die einem immer den richtigen Weg weist/ sein Schicksal annehmen und das Beste daraus machen/ positives Karma schaffen/ seine Beweggründe verstehen.

Legung Berg/ Blockade

Dies kann man tun, um die Angelegenheit zu klären (Position 5)
Seiner inneren Stimme folgen/ seine Bestimmung finden/ seine Lebenseinstellungen prüfen und schauen, ob sie noch richtig sind/ es wichtig nehmen, was gerade passiert/ die Prüfung meistern.

Da wird von außen geholfen, unterstützt (Position 7)
Schicksalsschläge, die einen fordern/ Karma, das man sich geschaffen hat/ Umstände, die Glauben erfordern/ Notwendigkeiten, die wichtig sind.

Legung Hand/ Loslassen

Die Erleichterung, das positive Resultat des Loslassens (Position 8)
Sein inneres Licht finden/ zum Glauben finden/ durch Gebete seine Sorgen loslassen und abgeben an eine höhere Macht/ diese Lebenslektion gelernt haben/ seiner Bestimmung folgen/ Selbsterkenntnis erlangen.

Legung Berg/ Blockade

Die Lösung der Blockade (Position 8)
Sich selbst reflektieren und besser verstehen/ nach der inneren Klausur seine Erkenntnisse umsetzen/ den Glauben an die kosmischen Gesetze nicht verlieren/ sich nicht mehr als Opfer des Schicksals zu fühlen.

Ergänzungskarte 37 – Der Bauch

Thema, um das es dabei geht: Mit etwas schwanger gehen bzw. sein. Geburt (Ergebnis) steht unmittelbar bevor. Vorbereitungen, Pläne. Ordnung schaffen. Sex. Heilung.

Zeitaussage: Zeit für Vorbereitungen nutzen, nach max. 5 Wochen.

Psychologischer Aspekt: Eine Vision entwickeln, seine Vorstellungskraft nutzen, heilende Impulse nutzen, den Weg der Genesung gehen, Verletzungen zur Heilung bringen, sich wieder ganz und heil fühlen.

Legung Hand/ Loslassen

Was schon da ist, woran ich festhalte oder was mich festhält (Position 6)
Pläne und Ideen/ Krankheit/ Ordnung schaffen/ Pläne umsetzen/ mit etwas schwanger gehen/ Heilung/ Sexualität.

Legung Berg/ Blockade

Was blockiert mich? Was ist das Problem? (Position 6)
Zu viele Ideen und Pläne haben/ sich verzetteln und seine Energien zerstreuen/ alles ist zu viel/ Maßlosigkeit/ Versuchungen nicht widerstehen können.

Was sehe ich nicht? (Position 4)
Dass Versuchungen am Wegesrand lauern/ eines nach dem anderen zu erledigen/ sich zunächst einen Überblick zu verschaffen und Ordnung herzustellen/ mal Pausen einzulegen, damit es einem nicht zu viel wird/ dass Heilung notwendig ist.

Gedanken und Gefühle zum Thema (Position 1)
Pläne und Ideen haben/ Krankheit/ Ordnung schaffen/ Pläne umsetzen/ mit etwas schwanger gehen/ Heilung/ Sexualität.

Was brauche ich noch? (Position 2)
Einen Plan zu schmieden/ Visionen zu entwickeln/ Verletzungen heilen/ den Weg der Genesung gehen/ sich wieder heil fühlen können/ seine Sexualität leben/ Ordnung ins Chaos bringen.

Der nächste Schritt, dies tun/ Ratschlag (Position 3)
Vorbereitungen treffen/ Pläne schmieden/ Ordnung schaffen/ Heilung geschehen lassen/ Sex haben/ Heilung anstreben.

Legung Hand/ Loslassen

Bilanz ziehen und Verantwortung übernehmen (Position 5)
Vorbereitungen abschließen/ Pläne in die Tat umsetzen/ Wichtiges von Unwichtigem unterscheiden und Prioritäten setzen/ eine klare Linie verfolgen/ das rechte Maß finden/ Versuchungen widerstehen können und sich auf das Wesentliche besinnen/ Verantwortung für seine Heilung übernehmen.

Legung Berg/ Blockade

Dies kann man tun, um die Angelegenheit zu klären (Position 5)
Sich einen Überblick verschaffen/ seine Pläne verfolgen/ Ordnung/ auf ein Ergebnis hinarbeiten/ Vorbereitungen treffen/ sich auf das Wesentliche konzentrieren/ Versuchungen widerstehen und auf Kurs bleiben/ den Weg der Heilung einschlagen, sich für seine Genesung interessieren.

Da wird von außen geholfen, unterstützt (Position 7)
Pläne, an denen man sich beteiligen kann/ Ideen, die man weiterentwickelt/ heilende Impulse nutzen, wie z. B. alternative Therapien oder die Unterstützung der Schulmedizin.

Legung Hand/ Loslassen

Die Erleichterung, das positive Resultat des Loslassens (Position 8)

Verletzungen sind geheilt/ Krankheit überwunden/ Ideen fließen einem nur so zu, die Kreativität kann fließen/ Heilung kann geschehen durch Annahme seiner selbst.

Legung Berg/ Blockade

Die Lösung der Blockade (Position 8)

Pläne werden verwirklicht/ das Chaos wird beendet und Ordnung geschaffen/ Versuchungen haben keine Anziehungskraft mehr, werden überwunden/ Pläne erfüllen sich/ Sexualität wieder leben können.

Ergänzungskarte 38 – Die Engelsflügel

Thema, um das es dabei geht: Schutz, etwas ist oder wird geschützt. Geführt werden. Etwas festhalten. Etwas gewinnen, wertvoll. Vertrauen haben (in eine höhere Macht).

Zeitaussage: In der Regel 2 Monate, ggf. auch 2 Tage/ 2 Wochen/ 2 Jahre.

Psychologischer Aspekt: In eine höhere Macht vertrauen, sich von den Engeln beschützt fühlen/ sein Bewusstsein erweitern, sich als Teil des Ganzen begreifen, seinen eigenen Wert achten.

Legung Hand/ Loslassen

Was schon da ist, woran ich festhalte oder was mich festhält (Position 6)
An etwas festhalten/ man wird von den Engeln geführt/ man erhält Schutz von der geistigen Welt/ etwas Wertvolles ist in seinem Leben.

Legung Berg/ Blockade

Was blockiert mich? Was ist das Problem? (Position 6)
Den Schutz und die Unterstützung der Engel nicht wahrnehmen können/ nach Schutz suchen und sich verloren fühlen/ sich nicht gut aufgehoben fühlen/ den Wert einer Situation oder eines Menschen nicht erkennen.

Was sehe ich nicht? (Position 4)
Dass mir die geistige Welt ihre Unterstützung anbietet/ die Engel mich führen und beschützen/ der Glaube an die Engel etwas Wertvolles im Leben bedeutet/ der Schutz der Engel mir gewiss ist/ etwas Wertvolles in meinem Leben ist/ das Leben wertvoll ist.

Gedanken und Gefühle zum Thema (Position 1)
An etwas festhalten/ man wird von den Engeln geführt/ man erhält Schutz von der geistigen Welt/ etwas Wertvolles ist in seinem Leben. Das Leben als wertvoll empfinden.

Was brauche ich noch? (Position 2)
Mehr Gottvertrauen und die Gewissheit, dass Engel und die geistige Welt etwas Reales sind/ mich als wertvoll anzuerkennen/ viel Wissen zu erlangen.

Der nächste Schritt, dies tun/ Ratschlag (Position 3)
Sein Anliegen den Engeln übergeben mit der Zuversicht, dass für dich das Richtige geschieht/ auf Schutz der Engel zu vertrauen/ eine Atmosphäre schaffen, die für alle angenehm ist/ Werte schaffen, die bleiben.

Legung Hand/ Loslassen

Bilanz ziehen und Verantwortung übernehmen (Position 5)
Seinen Glauben überprüfen/ wieder zum Glauben finden/ sich selbst als wertvoll wahrnehmen/ das Leben als lebenswert sehen/ sich selbst vor Negativem schützen.

Legung Berg/ Blockade

Dies kann man tun, um die Angelegenheit zu klären (Position 5)
Seine Sorgen an die Engel geben/ sich der Unterstützung der Engel bewusst sein/ an seinem Glauben festhalten und den Engeln vertrauen/ sein Leben als wertvoll ansehen.

Da wird von außen geholfen, unterstützt (Position 7)
Fügungen, die einem den nächsten Schritt offenbaren/ Hilfe von Engeln in Menschengestalt/ Schutz und Geborgenheit, um sich auszuruhen/ göttliche Führung/ wertvolle Hilfe in der Not.

Legung Hand/ Loslassen

Die Erleichterung, das positive Resultat des Loslassens (Position 8)
Sich der Führung der Engel anvertrauen/ den Ausgang der Angelegenheit der göttlichen Kraft und den Engeln überlassen/ das Problem loslassen und auf Schutz und Hilfe der geistigen Welt vertrauen/ diese Zeit im Leben als wertvoll empfinden.

Legung Berg/ Blockade

Die Lösung der Blockade (Position 8)
Die Verbindung zu den Engeln wieder spüren/ die Botschaft der geistigen Welt wieder wahrnehmen/ die Zeichen der Engel richtig interpretieren/ zu der Erkenntnis gelangen, liebenswert und wertvoll zu sein, sich selbst anzunehmen, wie man ist.

Ergänzungskarte 39 – Die Fabrik

Thema, um das es dabei geht: Firma, Geschäft, Arbeitsstelle. Gebäude, Besitz. Etwas investieren oder erschaffen/ herstellen. Etwas Größeres.

Zeitaussage: Dauerhaft, für sehr lange.

Psychologischer Aspekt: Schöpferisch sein, ein Ziel vor Augen haben, an seiner Weiterentwicklung arbeiten, seine Fähigkeiten entwickeln, kooperativ sein, das große Ganze erkennen.

Legung Hand/ Loslassen

Was schon da ist, woran ich festhalte oder was mich festhält (Position 6)
Firma/ Geschäft/ Arbeitsstelle/ Gebäude/ Besitz/ etwas investieren und erschaffen, herstellen/ etwas Größeres.

Legung Berg/ Blockade

Was blockiert mich? Was ist das Problem? (Position 6)
Besitz, an dem man hängt/ viel Zeit, die man bereits investiert hat/ dass noch mehr Wissen erforderlich ist/ die Angelegenheit einem groß erscheint, einen zu sehr vereinnahmt.

Was sehe ich nicht? (Position 4)
Dass es gilt, durchzuhalten und ein großes Projekt viel Zeit beansprucht/ viel Zeit, Kraft und Gefühle investiert werden/ etwas eigenes aufzubauen, viel Mühe kostet.

Gedanken und Gefühle zum Thema (Position 1)
Über die Arbeitsstelle, Firma oder Geschäft nachdenken/ man möchte etwas aufbauen/ in seine Zukunft investieren/ sich weiterbilden.

Was brauche ich noch? (Position 2)
Den Überblick bewahren/ selbstständig mit der Situation umgehen/ einen Plan, an den man sich halten kann/ Ausdauer für die Situation oder das Projekt zeigen.

Der nächste Schritt, dies tun/ Ratschlag (Position 3)
Sich eine Struktur schaffen und besser planen/ alle Ressourcen einsetzen, um etwas zu erschaffen/ Zusammenarbeit nutzen und Zeit, Geld und Herzblut investieren.

Legung Hand/ Loslassen

Bilanz ziehen und Verantwortung übernehmen (Position 5)
Das Erreichte sichern und die nächsten Schritte planen/ sich etwas aufbauen und sich selbstständig machen/ für Stabilität sorgen und Potenzial nutzen.

Legung Berg/ Blockade

Dies kann man tun, um die Angelegenheit zu klären (Position 5)
Erkennen, dass es ein längeres Projekt ist/ alle Kräfte bündeln, um erfolgreich zu sein/ in seinen Bemühungen am Ball bleiben und sein Ziel fest ins Auge fassen/ Ausdauer beweisen.

Da wird von außen geholfen, unterstützt (Position 7)
Mitstreiter, die einen selbst bei einem Projekt unterstützen/ Investoren, die an die Sache glauben/ Unterstützung, die man auch nutzen und annehmen sollte.

Legung Hand/ Loslassen

Die Erleichterung, das positive Resultat des Loslassens
Sich entfalten und etwas erschaffen/ Stabilität und Struktur in ein Projekt bringen/ seine Erfolge und Projekte absichern und eine stabile Basis geben/ seinen Besitz sichern und vermehren/ das Wachstum des Projektes läuft wie von selbst.

Legung Berg/ Blockade

Die Lösung der Blockade (Position 8)
Selbstständig an einer Sache arbeiten/ den Überblick wiedergewinnen/ etwas investieren und sich etwas aufbauen, was Bestand hat/ unabhängig sein und seine Visionen umsetzen.

Ergänzungskarte 40 – Die Hand

Thema, um das es dabei geht: Erfahrung. Schuld. Chaos. Etwas loslassen, sich befreien. Oder auch jemandem die Hand geben und Verantwortung übernehmen.

Zeitaussage: 3 bis 5 (3 Hände auf der Karte, jede Hand hat jedoch 5 Finger).

Psychologischer Aspekt: Seine eigene Autorität anerkennen, seine Grenzen erkennen, eigenverantwortlich handeln, was überfordert, loslassen, was einem schadet, sein lassen.

Legung Hand/ Loslassen

Was schon da ist, woran ich festhalte oder was mich festhält (Position 6)
Viel Verantwortung tragen/ Dinge loslassen, die nicht mehr zu einem gehören/ anderen die Hand reichen, sich versöhnen/ Chaos, das entstanden ist.

Legung Berg/ Blockade

Was blockiert mich? Was ist das Problem? (Position 6)
Nicht loslassen können/ Schuldgefühle empfinden/ keine Verantwortung übernehmen/ im Chaos versinken/ keine Aufgaben abgeben können, alles alleine machen wollen/ kontrollieren müssen und dem anderen nicht vertrauen.

Was sehe ich nicht? (Position 4)
Dass man etwas loslassen muss, um sich neue Kapazitäten zu verschaffen, sich erleichtern von Belastungen/ vor lauter Chaos die Aufgabe oder Situation nicht bewältigt werden kann/ Verantwortung zu übernehmen wichtig ist/ man Anforderungen delegieren und auf mehrere Schultern verteilen kann.

Gedanken und Gefühle zum Thema (Position 1)
Dass das Chaos einem über den Kopf wächst/ die Verantwortung einen erdrückt/ loslassen wollen, aber nicht zu wissen, wie man das machen soll/ Schuldgefühle einen quälen/ lernen, Aufgaben und Anforderungen zu delegieren und andere miteinzubeziehen.

Was brauche ich noch? (Position 2)
Struktur und Durchblick, um das Chaos zu bewältigen/ die Einsicht, sich nicht an allem festzuklammern und loszulassen, um Platz für Neues zu schaffen/ Verantwortung zu übernehmen/ sich von Schuldgefühlen zu befreien.

Der nächste Schritt, dies tun/ Ratschlag (Position 3)
Das Chaos entwirren und Ordnung schaffen/ Verantwortung für die Situation, wie sie sich zeigt, übernehmen/ sich von Schuldgefühlen lösen/ Dinge oder Menschen loslassen, die nicht mehr zu einem gehören und einem nicht mehr guttun.

Legung Hand/ Loslassen

Bilanz ziehen und Verantwortung übernehmen (Position 5)
Kompromisse aushandeln/ sich entgegenkommen und Zugeständnisse machen/ Aufgaben delegieren/ Verantwortung übernehmen oder mit anderen teilen/ das Chaos beseitigen.

Legung Berg/ Blockade

Dies kann man tun, um die Angelegenheit zu klären (Position 5)
Sich der Situation stellen und Verantwortung übernehmen/ sich von allem trennen, das für die eigene Entwicklung hinderlich ist/ klare Verhältnisse schaffen und gegebenenfalls gewisse Aufgaben abgeben oder an andere delegieren/ sich den anderen annähern und Gemeinsamkeiten entdecken, Brücken bauen und dem anderen die Hand reichen.

Da wird von außen geholfen, unterstützt (Position 7)
Kompromissangebote in Erwägung ziehen/ eine helfende Hand nicht ausschlagen/ Menschen, die aus dem eigenen Leben verschwinden, gehen lassen/ sich Neuem öffnen/ sich nicht in den Verantwortungsbereich des anderen einmischen und mehr ins Vertrauen gehen.

Legung Hand/ Loslassen

Die Erleichterung, das positive Resultat des Loslassens (Position 8)
Seine Grenzen erkennen und Belastendes loslassen/ anderen die Hand reichen und sich versöhnen/ Kompromisse eingehen/ das Chaos entwirren und erkennen, wofür man wirklich Verantwortung trägt/ sich nicht mehr die Schuld für alles geben und sich erlauben, auch mal Fehler zu machen/ Zugeständnisse machen und nicht mehr auf seiner Meinung beharren.

Legung Berg/ Blockade

Die Lösung der Blockade (Position 8)
Zu einem selbst stehen und seine eigene Autorität anerkennen/ eigenverantwortlich handeln/ was einem schadet, loslassen/ seine Verantwortung für sein Leben annehmen/ sich von Schuldgefühlen befreien/ Aufgaben auf mehrere Schultern verteilen und den anderen mehr zutrauen.

Hinweis zu den Beispielen und unseren Deutungen

Die Beispiele auf den folgenden Seiten wurden uns freundlicherweise von Lesern des Blogs „Kartenlegen lernen“ zur Verfügung gestellt.
Außerdem haben wir (Andrea und Angelina) uns auch gegenseitig jeweils eine Legung zum Thema Loslassen und zum Thema Blockaden gedeutet. Wir haben von allen Personen die Erlaubnis, die Legungen zu veröffentlichen und als Deutungsbeispiele für dieses Buch zu verwenden. Dazu haben wir auch um ein Feedback gebeten, damit erkennbar ist, ob wir mit unseren Aussagen, die bereits bestätigt werden können, recht hatten. Die zukünftigen Aussagen werden sich natürlich erst im Laufe der Zeit ergeben.

Aus Datenschutzgründen schreiben wir jedoch keine vollständigen Namen oder sonstigen Angaben dazu (lediglich das, was uns die Person erlaubt hat, auch zu veröffentlichen). Die verwendeten Legungen haben wir den ausgewählten Teilnehmern bereits als Deutung geschenkt, und falls der eine oder andere nun auch das Buch (oder E-Book) erworben hat, findet er dann seine Legung hier auch noch mal abgedruckt. Alle anderen, die es nicht als Beispiel in dieses Werk hier geschafft haben, können ihre bereits gelegte Legung (Loslassen und/ oder Blockaden) nun anhand der Texte in diesem Buch sicherlich auch selbst deuten. Allein die vertiefenden Positionen, denen wir die Deutungen für die einzelnen Bereiche zugeordnet haben, sollten es leicht machen, die Thematik (um was es geht) zu erkennen. Wer dann noch eine Zusammenfassung und ein Fazit aus allen Karten im Gesamtüberblick schafft, der rundet die Aussage der Legung noch einmal ab und bringt das Wesentliche auf den Punkt. Diese Zusammenfassung kann man machen, man muss es aber nicht zwingend tun. In den von uns gedeuteten Beispielen ist sie mit dabei, damit du siehst, wie so etwas gemacht wird.

Zur Deutung gibt es nur einen kleinen Unterschied zwischen Andrea und mir. Ich habe es wie gewohnt für die Leser des Buches geschrieben, also die Personen im Bereich der Deutung mit Vornamen angesprochen und die Deutung halt dir als Leser erzählt. Andrea hat sich für die direkte Ansprache an die Teilnehmer entschieden und diese in den Deutungen per „Du“ angesprochen. Bei unseren Deutungen haben wir uns abgewechselt, sodass du liebe/r Leser/in auch ein wenig Abwechslung beim Lesen verspürst und siehst, dass auch 2 Personen mit ihren eigenen Deutungsansätzen für die Ratsuchenden immer die passenden Antworten erkannt haben und du als Leser/in ebenfalls deinen Nutzen daraus ziehen kannst.

Das Legesystem – Blockade (Berg)

1 Gedanken / Gefühle zum Thema.	**2** Was brauche ich noch?	**3** Der nächste Schritt, dies tun / Ratschlag.
4 Was sehe ich nicht?	**Thema, worum es bei den Blockaden geht.** *Hinweis:* *In der großen Tafel um den Berg (Karte 21) deuten.*	**5** Dies kann man tun, um die Angelegenheit zu klären.
6 Was blockiert mich? Was ist das Problem?	**7** Da wird von außen geholfen, unterstützt.	**8** Die Lösung der Blockade

Beispiel 1: Blockaden (Profikartenlegerin werden)

Die Fragestellerin ist Andrea. Die Deutung von Angelina.

Andrea arbeitet als Angestellte, möchte aber ihr Hobby (Kartenlegen) gern zum Beruf machen und will nun wissen, wo da noch die Blockade liegt, dass sie dieses Ziel bisher noch nicht umsetzen konnte. Was hält sie noch davon ab?

Die Karte X in der Mitte wurde verdeckt gezogen.

Thema, um das es dabei geht (Position X in der Mitte – Ring):
An etwas gebunden sein. Verbindung, Beziehung, Ehe. Verträge jeder Art. Verpflichtung, Verein. Wiederholung, sich im Kreis drehen oder auch Routine. Vollendung, etwas abrunden, abschließen.

Ja, hier mit Sicherheit noch der Vertrag oder die Bindung an den Angestellten-Job. Der ja durch die Wiederholung eben auch die Regelmäßigkeit im Einkommen sichert. Möglich aber auch, dass sich Andrea noch im Kreis dreht (wohl mit dem, wie anfangen und auch wie loslassen bzw. was noch an Blockaden festhält).

Was blockiert mich? Was ist das Problem? (Position 6 – Engelsflügel):
Den Schutz und die Unterstützung der Engel nicht wahrnehmen können/ nach Schutz suchen und sich verloren fühlen/ sich nicht gut aufgehoben fühlen/ den Wert einer Situation oder eines Menschen nicht erkennen.

Das Thema Schutz und bestimmt auch Sicherheit hält noch fest. Würde Andrea erkennen können, dass die geistige Welt schon längst da ist, ihr den Weg leuchten will und schon etwas Wertvolles auf sie wartet, dann würde es ihr sicherlich leichter fallen. Doch der Gedanke „Ich habe noch nicht genug Schutz/ Sicherheit" und die geistige Welt noch nicht so wahrnehmen zu können, blockiert hier noch ihren Entfaltungsweg, mit der Spiritualität eine Verbindung zu schaffen, mit der sie arbeiten kann.

Was sehe ich nicht? (Position 4 – Lilie):
Dass man etwas für die Harmonie zwischen zwei Menschen tun muss/ das Gleichgewicht verloren gegangen ist/ man nicht ganz unschuldig an der Situation ist/ man selbst dafür sorgen muss, seine Mitte zu finden.

Andrea sollte mit sich in Frieden kommen. In ihre Mitte oder es mit mehr Zufriedenheit, Ruhe und Harmonie angehen lassen. Oder besser noch, es erkennen zu können, dass die geistige Welt sehr wohl einen Ausgleich und eine wertvolle Verbindung schaffen kann. Doch noch kann Andrea es ja nicht sehen, aber die Karten zeigen deutlich, die geistige Welt ist bereit, steht als Basis da und will ihr den Ausgleich ermöglichen (Lilie = Gleichgewicht = Ausgleich schaffen).

Gedanken und Gefühle zum Thema (Position 1 – Reiter):
Aktiv und spontan sein/ Chancen erkennen/ Angebote nutzen/ Treffen vereinbaren und sich austauschen/ sein Ziel vor Augen haben/ wissen, was man will/ mutig loslegen.

Von den Gedanken will man diese Chance bekommen, die Angebote nutzen, die sich bieten. Endlich die Zügel in die Hand nehmen und loslegen und diese Verbindung in Bewegung bringen, damit es vorwärtsgehen kann. Bereit sein, nun aktiv zu werden.

Was brauche ich noch? (Position 2 – Fabrik):
Den Überblick bewahren/ selbstständig mit der Situation umgehen/ einen Plan, an den man sich halten kann/ Ausdauer für die Situation oder das Projekt zeigen.

Die Vision, das große Ganze zu sehen. Dass man sich was aufbauen kann und tatsächlich damit selbstständig arbeiten kann. Andrea braucht mehr Stabilität, eine sehr große Basis, wo sie weiter investieren kann (sei es nun Zeit, Mut – ja bestimmt Mut, weil der Bär liegt nah dabei). Vielleicht auch ein bewährtes, bestehendes System, wo sie weiß, es funktioniert und hier nur Ausbaupotenzial leisten müsste.

Der nächste Schritt, dies tun/ Ratschlag (Position 3 – Sarg):
Endlich den Mut fassen, etwas zu beenden, was schon lange nicht mehr in Ordnung ist/ wie Phönix aus der Asche steigen/ die Ruhepause zur Transformation der Persönlichkeit nutzen/ sich neu erfinden und aus der verfahrenen Situation lernen und sich befreien.

Bestimmt die alte Arbeit als Angestellte loslassen und sich trauen (Bär dran), nun auch loszulegen, so wie sie es sich in Gedanken mit dem Reiter ja auch wünscht. Den Mut fassen und sich was Eigenes aufbauen. Da der Ratschlag der Karten ja auch immer etwas Positives noch mit sich bringt, geht es beim Sarg auch um die Ruhe, dass man in einer Pause hier die nächsten Schritte planen kann, um dann mit Kraft aufgetankt endlich loslegen zu können. Von daher nichts überstürzen, sondern sich ganz in Ruhe seinen Expertenstatus erarbeiten bzw. aufbauen (Bär dran).

Dies kann man tun, um die Angelegenheit zu klären (Position 5 – Bär):
Selbstbewusst sein Ziel verfolgen/ den anderen beschützen/ Rückgrat zeigen/ souverän seine Erfahrungen nutzen.

Der Bär steht auch für die Spezialisierung, eine Expertin werden oder sein. Ihre Kraft und Stärke einsetzen und auch dranbleiben, durchhalten (wenn es sein muss, Krallen ausfahren und drum kämpfen). Hier mit Sicherheit auch die Erfahrungen (Wissen) der Vergangenheit nutzen (Karte Hand liegt ja gleich drunter). Durchaus auch wieder an das Größere denken. Denn Fabrik und Bär wollen große Dimensionen oder Visionen, die man erreichen kann.

Da wird von außen geholfen, unterstützt (Position 7 – Mond):
Eine Atmosphäre, in der man Gefühle zeigen kann/ ein sensibles Umfeld mit einfühlsamen Menschen/ Menschen, die ihre Träume verwirklichen und als Vorbild dienen.

Ja, Andrea kann sich an anderen Menschen ein Beispiel nehmen. Schauen, wer schon im Spirituellen selbstständig ist und davon gut leben kann. Diese Personen als Vorbild sehen und es ihnen nun einfach nur nachmachen. Das Potenzial ist ja definitiv da. Nun hießt es, nur noch mutiger zu werden und sich wirklich was Eigenes aufzubauen und dabei die Unterstützung und Führung der geistigen Welt zuzulassen und von außen auch durchaus die Anerkennung, den Erfolg bekommen. Würde sagen, andere Menschen glauben schon an den Erfolg von Andrea und sogar mehr als sie möglicherweise selbst es glaubt. Feedback von außen ist bestimmt schon positiv.

Die Lösung der Blockade (Position 8 – Hand)
Zu einem selbst stehen und seine eigene Autorität anerkennen/ eigenverantwortlich handeln/ was einem schadet, loslassen/ seine Verantwortung für sein Leben annehmen/ sich von Schuldgefühlen befreien/ Aufgaben auf mehrere Schultern verteilen und den anderen mehr zutrauen.

Ja bitte, Andrea, übernimm die Verantwortung, welche die geistige Welt dir definitiv zutraut und so wie es auch andere Menschen bereits tun.

Fazit:
Vertraue, lass dich leiten und führen, denn wertvolle Verbindungen warten auf dich und du kannst zu einer Expertin werden, die sich selbst was ganz Großes aufbauen kann und dann auch in der Lage ist, den anderen Job zu kündigen und sich voll und ganz auf die spirituelle Arbeit einzulassen. Finde derzeit erst mal ein Gleichgewicht in den Verbindungen und greife bei Chancen und Angeboten zu, um dir Stück für Stück deine Selbstständigkeit und auch deinen Expertinnenstatus weiter aufzubauen und durch Erfolge immer mutiger zu werden, um zum Schluss den nötigen Schritt zu gehen, dem Angestelltenverhältnis Lebewohl zu sagen und verantwortungsvoll der spirituellen Arbeit die Hand zu reichen und richtig loslegen zu können. Der Sarg zusammen mit dem Bär bietet ja auch die Gelegenheit, die alten Dinge (Arbeiten) zu beenden und stattdessen der anderen Verbindung die Hand zu reichen.

Feedback von Andrea

Deine Deutung, Angelina, ist wieder einmal richtig treffend!

Ich sollte wirklich mehr auf die Engel vertrauen, die meinem Leben oft „Engel in Menschengestalt“ geschickt haben. Es noch einmal so deutlich im Kartenbild zu sehen, ist sehr spannend. Du hast es genau gedeutet, was bei mir gerade los ist. Ich nehme mir die Impulse zu Herzen und bin jetzt schon viel zuversichtlicher.

Das Witzige ist, dass wir bei der Legung nebeneinander saßen und wirklich lachen mussten, wie die Karten uns mal wieder die momentane Situation widerspiegeln. Immer wieder ein beeindruckendes Erlebnis ☺

Beispiel 2: Blockaden (Beruf – Verlagswesen)

Die Fragestellerin ist Angelina. Die Deutung von Andrea.

Aufgrund der steigenden Anforderungen durch den Verlag keimt in Angelina vor Weihnachten der Gedanke auf, sich Unterstützung in verschiedenen Bereichen zu suchen, um die Arbeitsprozesse aufzugliedern. Hierzu möchte sie noch wissen, was sie blockiert und daran hindert, mehr kreativen Freiraum zu bekommen.

Die Karte X in der Mitte wurde verdeckt gezogen.

Thema, um das es dabei geht (Position X in der Mitte – Fabrik): Firma, Geschäft, Arbeitsstelle. Gebäude, Besitz. Etwas investieren oder erschaffen/ herstellen. Etwas Größeres.

Dies zeigt an, dass der Wunsch nach Expansion im Vordergrund steht. Es gilt, etwas zu erschaffen, Zeit zu investieren und weiter am Verlag und seinen Produkten zu arbeiten. Hier sieht es nicht so aus, als wenn du dich auf deinen Lorbeeren ausruhen möchtest, sondern dass du deine Angebote im Verlag erweitern möchtest.

Was blockiert mich? Was ist das Problem? (Position 6 – Kreuz):
Eine Dringlichkeit und Wichtigkeit/ eine Notwendigkeit, die sich aufdrängt/ eine Prüfung, die das Leben einem stellt/ Schicksal, das sich nicht abwenden lässt/ eine Lektion, die gelernt werden möchte.

Hier zeigt sich eine Lektion, die gelernt werden möchte. Da man an den Prüfungen, die das Leben einem stellt, wächst und es gegebenenfalls wichtig nimmt, was sich da zeigt. Eine Notwendigkeit, die sich aufdrängt, ist es, die Belastung zu sehen, die mit dem Verlag und dem wachsenden Arbeitsaufwand einhergeht. Es ist viel zu tun.

Was sehe ich nicht? (Position 4 – Buch):
Dass der andere die Hintergründe nicht kennt/ unser Wissen kostbar ist und geteilt werden sollte/ seine Erfahrungen nicht umsonst sind/ die Dinge zu hinterfragen, um zu einem Ergebnis zu kommen.

Deine momentanen Erfahrungen sind nicht umsonst und führen dazu, deine Arbeitssituation zu hinterfragen und zu einem Ergebnis zu kommen. Die Belastung führt dazu, dass die Vermittlung deines Wissens, was kostbar ist und geteilt werden sollte, manchmal zu kurz kommt. Das Schreiben von Büchern, hier kann man die Karte Buch wahrlich als direkte Aussage nehmen, tritt in den Hintergrund, da zu viel erledigt werden muss.

Gedanken und Gefühle zum Thema (Position 1 – Ringe):
Ein Zyklus ist abgeschlossen und man kann sich Neuem widmen/ Vollkommenheit/ Beziehungen/ Verträge/ Verantwortung/ Verbundenheit/ Ehe und Partnerschaft.

Die Erfahrungen der unmittelbaren Vergangenheit haben dich dazu geführt, über eine Partnerschaft im beruflichen Bereich nachzudenken. Die Last auf mehrere Schultern zu verteilen und dir zuarbeiten zu lassen. Das gäbe dir die Möglichkeit, dich dem zu widmen, was du am liebsten tust – dein Wissen mit anderen zu teilen und deine Veröffentlichungen deiner Fangemeinde zur Verfügung zu stellen.

Was brauche ich noch? (Position 2 – Reiter):
Die Chancen und Angebote zu nutzen/ beherzt vorangehen und handeln/ mehr Spielraum und Bewegungsfreiheit schaffen.

Es gilt, dir mehr Spielraum und Bewegungsfreiheit zu schaffen. Chancen und Angebote in Bezug auf Hilfe zu nutzen, um dann das zu tun, was dir am Herzen liegt. Es gilt, zu handeln und dir Unterstützung zu suchen, um die Belastungen zu minimieren.

Der nächste Schritt, dies tun (Position 3 – Lilien):
Sein inneres Gleichgewicht finden/ auf Ausgleich von Beruf und Privatleben achten/ für Ausgleich sorgen/ Harmonie schaffen/ Sinnlichkeit leben/ Dankbarkeit empfinden und ausdrücken/ Meditation praktizieren und die innere Mitte finden.

Sorge für die richtige Balance, damit du zu den Dingen kommst, die die Seele deines Unternehmens ausmachen. Finde dein inneres Gleichgewicht und einen Ausgleich von Beruf und Privatleben. Schaffe Harmonie, indem du die Belastung ernst nimmst und du wieder zufriedener werden kannst.

Dies kann man tun, um die Angelegenheit zu klären (Position 5 – Hund):
Mehr Selbstvertrauen entwickeln/ Hilfe erhalten oder anderen anbieten/ Unterstützung gewähren/ sich loyal verhalten/ an die Sache glauben und vertrauen.

Da du an deine Arbeit und den Verlag glaubst, gilt es, dir Hilfe zu organisieren. Lasse dich bei deiner Arbeit unterstützen. Dabei wäre es hilfreich, dir Menschen zu suchen, die zuverlässig sind und auch für dein Thema, das Kartenlegen, brennen.

Da wird von außen geholfen, unterstützt (Position 7 – Sarg):
Etwas hat sich totgelaufen bzw. verbraucht/ alte Mechanismen funktionieren nicht mehr/ dass, was man nicht mehr will, zeigt einem auch, was man jetzt braucht.

Dadurch, dass der Verlag so gewachsen ist und expandiert, wie die Fabrik uns in der Mitte zeigt, gilt es, neue Strategien zu entwickeln. Das alte Konzept der „One Woman Show" hat sich verbraucht. Alte Mechanismen funktionieren nicht mehr und etwas wird beendet, was nicht mehr in Ordnung und nicht mehr alltagstauglich ist.

Die Lösung der Blockade (Position 8 – Dame):
Die Vorstellung, etwas tun zu müssen, vergeht/ das Ergebnis nicht mehr beeinflussen zu wollen/ sich den Gegebenheiten anzupassen/ die Angelegenheit so anzunehmen, wie sie gerade ist.
Es gilt, die Arbeitssituation im Moment noch so anzunehmen, wie sie gerade ist. Jedoch solltest du dich den aufkommenden Mehrbelastungen im Verlag anpassen und dir die Legung zu Herzen nehmen und Hilfe und Unterstützung annehmen, die sich dir bietet. Dann bist du wieder ganz bei dir und du findest Zeit für deine Bücher und Webinare, die dein ganzes individuelles, wertvolles Wissen zeigen. Deine Fangemeinde wird es dir danken ;0).

Fazit:
Schaut man das Kartenbild als Ganzes an, sieht man die Belastung (Kreuz) der vielen Arbeit, aber auch die Lebensaufgabe, Bücher und andere Medien zu nutzen, um dein Wissen weiterzugeben (Kreuz/ Buch). Das ist in letzter Zeit etwas zu kurz gekommen. Wenn du Verbindungen knüpfst, Verträge schließt und Partnerschaften eingehst (Ring), werden die Chancen (Reiter) größer, dich mehr deiner Aufgabe als Lehrerin für das Kartenlegen zu widmen. Dadurch, dass du dann wieder vermehrt das tun kannst, was dich zufrieden macht, kehrt wieder mehr Harmonie ein (Reiter/ Lilien). Der Hund neben der Fabrik zeigt an, dass in Zukunft Hilfe da sein wird und diese große Arbeitsbelastung beendet wird, dir auch Ruhepausen guttun werden (Sarg/ Dame), um wieder selbst entscheiden zu können, wo dein Arbeitsschwerpunkt liegt.

Hinweis:
In diesem Zusammenhang wollte Angelina noch wissen, was sie beruflich beim Verlag loslassen kann, damit es positiv weitergeht. Dazu folgt weiter hinten bei den Beispielen zum Loslassen noch die Legung dazu. Baut also auf diese Legung weiter auf.

Feedback von Angelina

Hallo Andrea, ja, es stimmt leider, dass mein Arbeitsschwerpunkt mit Kartenlegen unterrichten und Bücher schreiben in letzter Zeit etwas zu kurz kam. Im Verlag ist immer viel zu tun, mit Autoren betreuen und deren Produkte am Markt zu platzieren und ich habe auch sehr viele Weiterbildungen gemacht, um besseres Marketing (Werbung) zu praktizieren. Ich will immer und überall selbst aktiv sein, weil ich da ein Perfektionist bin und immer denke, andere können es nicht so wie ich machen. Daher kam mir ja mal der Gedanke, ich brauche einen Klon, der so denkt und fühlt wie ich und die Sachen genauso gut umsetzt. Damit ich aus der Blockade, alles selbst machen zu müssen, endlich rauskomme und auch wieder mehr Zeit für meine Herzensaufgabe, dem Unterrichten im Kartenlegen, habe.
Manchmal wünsche ich mir mehr Pausen, daher ist die Legung die Bestätigung, dass ich Unterstützung brauche. Mir weitere Personen als Partner mit an Bord hole und lerne, auch zu vertrauen, dass die auch gute Arbeit machen und in meinem Sinne und zum Wohle der Firma handeln.

Ich denke, einen guten Start habe ich mit der Entscheidung, mit dir zusammenzuarbeiten, getroffen. Unser gemeinsames Treffen, wo wir das Buch besprochen hatten und auch die gegenseitigen Legungen, das war sehr schön und mein Bauchgefühl bestätigt, dass wir gut zusammenpassen und uns gegenseitig im Aufbau unserer Fähigkeiten unterstützen können.

In diesem Sinne danke für die Deutung und auch für deine Texte in diesem Buch. Auf dass unsere gemeinsame Arbeit Früchte trägt ☺.

Beispiel 3: Blockaden (Abnehmen)

Die Fragestellerin ist Sabine. Die Deutung von Angelina.

Aufgrund der Einnahme von Medikamenten ist eine Sucht nach Kohlenhydraten entstanden. Nun möchte Sabine wissen, was sie dabei blockiert, abzunehmen bzw. welche Blockaden sie daran hindern, endlich damit anzufangen.

Die Karte X in der Mitte wurde verdeckt gezogen.

Thema, um das es dabei geht (Position X in der Mitte – Störche): Veränderung in jeglicher Form. Wandlung, Wechsel, Umzug. Verhalten oder Meinung ändern. Flexibel sein. Karte vor den Störchen „bringt" die Karte nach den Störchen. Mit der Kinderkarte oder der Karte für den Sex (Lilie) auch ein Hinweis auf eine Schwangerschaft. Die Herzdame = eine Frau, die positiv, herzlich ist oder auch ca. gleich alt wie die fragende Person. Geliebte.

Beim Thema Abnehmen geht es darum, endlich was zu verändern. Das Verhalten beim Essen sicherlich zu ändern, flexibler in der Auswahl sein. Jetzt auch bestimmt der Zeitpunkt, endlich anzufangen, also in die Veränderung zu kommen, darum geht es.

Was blockiert mich? Was ist das Problem? (Position 6 – Engelsflügel):
Den Schutz und die Unterstützung der Engel nicht wahrnehmen können/ nach Schutz suchen und sich verloren fühlen/ sich nicht gut aufgehoben fühlen/ den Wert einer Situation oder eines Menschen nicht erkennen.

Das Essen bzw. Körpergewicht soll scheinbar ein Ersatz für den Schutz sein. Da fällt mir spontan der Schutzpanzer ein, den man braucht, weil man sich sonst nicht sicher genug fühlt. Auch möglich, dass man sich selbst als nicht wertvoll genug betrachtet und sich irgendwie verloren fühlt und dies mit Essen und Gewicht kompensiert.

Was sehe ich nicht? (Position 4 – Dame):
Dass jeder seine Herausforderung überwinden muss/ man nicht immer unterstützen sollte/ zu passiv zu sein und sich nicht der Situation angemessen verhalten.

Passiv sein und noch nicht bereit, wirklich anzufangen und daher noch unangemessen essen bzw. sich verhalten. Als Herausforderung sicherlich auch die Medikamente, doch dass man die Schuld nicht darauf schieben sollte, sondern bei sich selbst hinschauen, es kommt eben auch auf die eigene Einstellung an. Will ich anfangen und etwas verändern oder noch warten?

Gedanken und Gefühle zum Thema (Position 1 – Wege):
Viele Möglichkeiten haben/ Entscheidungen stehen an/ eine Wahl muss getroffen werden/ sich nicht entscheiden können oder wollen/ sich alle Optionen offenhalten wollen.

Ja, Sabine sollte sich selbst dazu entscheiden, dass sie jetzt was verändern will und damit beginnt, abzunehmen. Es also als Motivation für sich tun und nicht, weil es jemand anderes will. Wenn sie selbst entschlossen ist, dann werden sich auch Wege und Möglichkeiten ergeben.

Was brauche ich noch? (Position 2 – Mond):
Sich auf seine Gefühle und Intuition zu verlassen/ seinen Träumen zu folgen/ sensibel mit der Angelegenheit umzugehen/ Erfolg und Anerkennung anzustreben/ mediale Fähigkeiten zu entwickeln.

Darauf achten, wie das Gefühl gerade ist. Brauche ich in dem Moment das Essen oder will ich eigentlich was anderes? Ist es ein Gefühl von Hunger nach Nahrung oder ein emotionales Gefühl, das befriedigt werden will. Und auch noch mal der Hinweis, tief in sich hineinzuspüren und selbst dann die Entscheidung treffen, ja, jetzt bin ich bereit und möchte abnehmen, auch wenn ich mich noch nicht so sicher und ggf. wertvoll fühle.

Der nächste Schritt, dies tun/ Ratschlag (Position 3 – Kind):
Unbekümmert die ersten Schritte gehen/ mehr Erfahrungen sammeln/ etwas Neues anfangen oder einfach mal was ausprobieren, was man bisher noch nicht gemacht hat/ offen für Anregungen und Ideen von außen oder auch vom inneren Kind sein.

Noch unbefangen oder neugierig wie ein Kind sein. Kindern fehlt am Anfang noch das Wissen, die Erfahrung. Sie vertrauen voll und ganz den Eltern, dass die Gutes mit einem tun und sich kümmern und es versorgen. Hier durchaus mal wieder wie ein Kind sein, sich ggf. vom Partner oder einem Ernährungsberater versorgen lassen mit Ideen und Empfehlungen. Bereit sein, Neues auszuprobieren und es ganz zwanglos und unbekümmert machen.

Dies kann man tun, um die Angelegenheit zu klären (Position 5 – Blumenstrauß):
Sich inspirieren lassen/ auf seine Talente vertrauen/ sich der positiven Voraussetzungen klar werden und was sie an Geschenken beinhalten/ seinem Selbst Ausdruck geben.

Sich bewusst machen, was das Schöne am Schlanksein ist. Die Vorteile und Möglichkeiten sehen, die man dann hat. Sich auch seines bunten Straußes an Fähigkeiten bewusst sein, dass man wertvoll, liebenswert und sich selbst ein Geschenk ist, das man gut behandeln sollte, um lange zu blühen und in Schönheit zu erstrahlen, wie der bunte schöne Blumenstrauß auch.

Da wird von außen geholfen, unterstützt (Position 7 – Hund):
Sich für andere einsetzen/ anderen helfen/ langfristige Freundschaften/ Unterstützung von anderen/ Treuebeweise/ anderen vertrauen können/ Hilfe bekommen.

Hilfe von außen auch zulassen, denn andere wollen helfen und einen beim Abnehmen unterstützen. Also die Ratschläge auch annehmen und eben, wie schon beim Kind gedeutet, einfach mal Neues ausprobieren und unbekümmert an die Sache herangehen, sich bei der Hand nehmen lassen und den Empfehlungen folgen.

Die Lösung der Blockade (Position 8 – Baum):
Kraftvoll voranschreiten/ gut für sein Wohlbefinden sorgen/ dem Heilungsprozess eine Chance geben/ auf Vergangenes aufbauen und daran wachsen/ an den Lebensaufgaben wachsen/ das Licht am Ende des Tunnels sehen/ auf sein Potenzial vertrauen.

Auf sein Potenzial, die Fähigkeiten vertrauen. Den Selbstwert wachsen lassen und somit dem Prozess des Abnehmens eine Chance geben. Auch an der Aufgabe wachsen, jetzt mit der Veränderung zu beginnen und in kleinen Schritten vorankommen.

Fazit:
Erst mal geht es darum, sich ganz bewusst aus eigenen Stücken zu entscheiden, ob man jetzt bereit dazu ist, abzunehmen. Es wirklich will. Ist der Entschluss getroffen, dann raus aus der Passivität oder damit aufzuhören, die Schuld auf die Medikamente und die Sucht zu schieben und an sich selbst, vor allem dem Selbstwert und dem Geschenk (zu leben), arbeiten. Hilfe zulassen und Sicherheit auch von anderen bekommen. Den Schutzpanzer auflösen, indem man Hilfe der anderen annimmt und der Lebensaufgabe auch eine Chance gibt und wie man seine Fähigkeiten und Talente einsetzen kann und sich selbst dafür Anerkennung geben. Auch auf die Gefühle achten, will ich essen oder brauche ich gerade was anderes? Auf sich selbst achten, auf das innere Kind achten und die Geschenke des Lebens, die auch durch Empfehlungen, Ideen von anderen kommen können, annehmen. Ins Vertrauen gehen, sich bei der Hand nehmen lassen und Möglichkeiten, sich auch selbst zu loben und Anerkennung zu geben, aber diese auch von außen zulassen. Ein Weg, sich zu verändern, ist da, indem man mehr auf die tatsächlichen Gefühle achtet und bereit ist, Neues auszuprobieren und durch kleine Erfolge immer weiter zu wachsen und zu erkennen, dass man liebenswert und schön ist und keineswegs verloren oder nicht ausreichend geschützt. Schutz durch andere zulassen, macht den Schutzpanzer überflüssig. Vertrauen lernen und sich helfen lassen (das bezieht sich mit Sicherheit nicht nur aufs Thema Abnehmen, sondern generell auf das Leben und seine Lebensaufgaben).

Feedback von Sabine

„Vertrauen lernen und sich helfen lassen“ – dies ist wahrscheinlich die Essenz aus deiner Antwort, liebe Angelina. Ich bin immer eine, die alles schaffen will und kaum Hilfe annimmt. Schwach sein gibt es nicht, das bin ich schon genug in meinen Krank-Zeiten. Die Legung zeigt mir, dass es Zeit ist, meinen Panzer abzustreifen. Meinen Selbst-Wert erkennen. Es ist also genau der richtige Zeitpunkt, wenn ich meine mindestens dreiwöchige Krank-Auszeit in ein paar Tagen beginne. Ich habe mich, zusammen mit meiner Ärztin, entschlossen, eine Stoffwechselkur zu beginnen. Medikamente aus meinem Körper auszuleiten etc. Ich vertraue den Karten, es passt zu meiner derzeitigen Gemütslage. Ich entscheide mich für mich! Vielen Dank, liebe Angelina!

Wahnsinn, wie es immer wieder passt. Ich bin schon sehr gespannt auf das neue Buch.

Danke nochmals, dass ihr meine 2 Fragen gewählt habt und ich diese sehr ausführliche Deutung mein Eigen nennen darf. Ich wünsche euch weiterhin nicht endende Ideen und eine sehr inspirierende Zusammenarbeit!

Liebe Grüße
Sabine

Beispiel 4: Blockaden (Liebe – Herzensmann)

Die Fragestellerin ist Anja. Die Deutung von Andrea.

Warum kann Anja die Nähe zu ihrem Herzensmann nicht zulassen?

Die Karte X in der Mitte wurde verdeckt gezogen.

Thema, um das es dabei geht (Position X in der Mitte – Herz):
Liebe, sich verlieben. Herzliche Zuneigung/ Atmosphäre. Herzlichkeit, Hilfsbereitschaft.

Es geht um die Liebe, die wohl definitiv da ist und dich und deinen Herzensmann miteinander verbindet.

Was blockiert mich? Was ist das Problem? (Position 6 – Fische):
Materielle Themen/ Sucht/ Verführbarkeit/ die Seele, die krank ist/ Sensibilität/ Fantasie.

Deine Seele hat wohl schon Verletzungen erlitten, die dich sehr getroffen haben. Das hat dich sehr sensibel und vorsichtig werden lassen und verhindert, dass du dich in der Beziehung zu deinem Herzensmann tiefer berühren lassen möchtest.

Was sehe ich nicht? (Position 4 – Sarg):
Dass die Situation einen krank macht/ man auf der Stelle tritt/ man nicht vorankommt/ man kränkelt und Ruhe braucht.

Du siehst nicht, dass dich das krank macht. Es ist eine Pattsituation und du kommst in deinem Anliegen, mehr Nähe von ihm zuzulassen, nicht voran.

Gedanken und Gefühle zum Thema (Position 1 – Fabrik):
Über die Arbeitsstelle, Firma oder Geschäft nachdenken/ man möchte etwas aufbauen/ in seine Zukunft investieren/ sich weiterbilden.

In deinen Gedanken wächst die Absicht, mehr Nähe zulassen zu wollen und in eure gemeinsame Zukunft Zeit und Gefühle zu investieren. Es liegt dir daran, etwas Gemeinsames aufzubauen und eurer Beziehung ein stabiles Fundament zu geben.

Was brauche ich noch? (Position 2 – Wolken):
Mehr Durchblick/ Zuversicht, dass sich der Nebel verzieht/ Leichtigkeit, um die Schwierigkeiten zu bewältigen.

Wenn dein Verständnis für deine alten Verletzungen wächst und du die Hintergründe besser verstehst, wird dir klar, dass die Blockade mit deiner Vergangenheit zu tun hat. Gestatte dir, zuversichtlicher zu sein, dass die Schatten der Vergangenheit sich verziehen und du mehr Leichtigkeit im Umgang mit ihm entwickeln kannst. Es sind nur Projektionen und keine wirklichen Gründe, deinem Herzensmann nicht vertrauen zu können.

Der nächste Schritt, dies tun/ Ratschlag (Position 3 – Dame):
Sich Zeit lassen/ abwarten und geduldig sein/ die Situation so annehmen, wie sie ist/ positiv nach vorne schauen und Gutes erwarten/ Hilfe und Unterstützung anbieten.

Sei geduldig mit dir selbst und lasse dir die notwendige Zeit, alte Wunden zu heilen und positiv nach vorne zu schauen und Gutes zu erwarten. Du musst gar nicht viel tun, eher ein Annehmen deiner Selbst ist hier hilfreich.

Dies kann man tun, um die Angelegenheit zu klären (Position 5 – Bär):
Selbstbewusst sein Ziel verfolgen/ den anderen beschützen/ Rückgrat zeigen/ souverän seine Erfahrungen nutzen.

Nutze die Erfahrung der Vergangenheit, denn Sensibilität und Feingefühl sind Eigenschaften, die dir in dieser Situation sehr weiterhelfen können. Gehe in deine Kraft und zeige dich selbstbewusst. Dein Ziel, mehr Nähe zulassen zu können, liegt in deiner Hand.

Da wird von außen geholfen, unterstützt (Position 7 – Park):
Andere sind für einen da/ man wird gebraucht/ das Umfeld nimmt einen zur Kenntnis/ Verabredungen möchten vereinbart werden.

Dein Herzensmann ist für dich da und zeigt dir, wie sehr er dich braucht. Er nimmt dich so, wie du bist und möchte ein Miteinander mit dir leben. Er gibt dir den Freiraum, sodass sich mehr Nähe zwischen euch entwickeln kann in dem Tempo, wie es für dich gut ist.

Die Lösung der Blockade (Position 8 – Ringe):
Etwas besiegeln, was vorher besprochen wurde/ Verantwortung übernehmen/ sich an Absprachen halten/ sein Versprechen einlösen/ sich an jemanden binden.

Übernimm Verantwortung für dein Liebesglück und gib deinem Herzensmann ein Versprechen, mehr auf ihn zuzugehen. So wird es dir gelingen, dich mehr zu eurer Liebe zu bekennen und dich zu binden.

Fazit:
Eine tiefe Liebe, die die Seele berührt (Herz/ Fische) verbindet euch beide miteinander. Verletzungen aus der Vergangenheit sollten überwunden werden und heilen (Fische/ Sarg), damit es möglich wird, etwas Bleibendes aufzubauen (Fabrik). Die dunklen Wolken und Unklarheiten können sich lichten, wenn du ganz bei dir selbst bist (Wolken/ Dame) und in deine Kraft findest (Dame/ Bär). Alle Voraussetzungen, eine schöne Partnerschaft zu leben (Bär/ Park), sind

in dir und du kannst eine Bindung eingehen, die von Liebe getragen ist (Herz/ Ringe). So kannst du dich auch offen zu dieser Liebe bekennen (Herz/ Park). Trau dich, es lohnt sich!

Feedback von Anja

Liebe Andrea,
vielen herzlichen Dank, dass ich ausgewählt wurde. Hier nun mein Feedback zur Blockadenlegung.

Ja, meine Seele ist total sensibel, es gab sehr viele Verletzungen mit dem Mann, und ich kann dies hier nur bestätigen. Auch dass ich kränkele, stimmt, ich habe leider sehr starke Magenprobleme, die keinen medizinischen Hintergrund haben. Ich möchte es auch nicht sehen, dass mich das krank macht, und gehe den Symptomen eher aus dem Weg. Ich denke mir immer, wird schon wieder werden.

In meinen Gedanken möchte ich es zulassen und male mir immer wieder aus, wie es ist, wenn ich es zulasse. Und ich muss dir absolut recht geben, er ist ein sehr einfühlsamer Mensch, er fordert mich auch immer auf, zu reden und sagt mir immer, dass er für mich da ist. Nur leider kann ich das für mich noch nicht zulassen.

Zu hundert Prozent richtig erkannt.

Beispiel 5: Blockaden (Vor Menschen sprechen)

Die Fragestellerin ist Margit. Die Deutung von Angelina.

Margit möchte wissen, was sie ausbremst, vor (wirklich) vielen Menschen im Rahmen eines Vortrages drauflos zu sprechen. Also ihr Wissen in der Spiritualität, z. B. auch über ein Mikrofon, in der Öffentlichkeit mitzuteilen.

Die Karte X in der Mitte wurde verdeckt gezogen.

Thema, um das es dabei geht (Position X in der Mitte – Haus): Familie, Privatleben, Schutz, Geborgenheit, Sicherheit, sich etwas Langfristiges aufbauen, eine Basis (Fundament) erschaffen. Der Herzkönig = ein Mann, der positiv, herzlich ist oder auch ca. gleich alt wie die fragende Person. Geliebter.

Auf das Fragethema bezogen würde ich sagen, der privatere Rahmen oder mit Leuten, die man kennt, ist angenehmer. Da es aber ja nun um das Öffentliche geht, wo viele Menschen (und auch Fremde) sind, will die Karte wohl darauf hinweisen, dass Margit einen gewissen Schutz dabei braucht, sich wohlfühlen sollte, genauso wie zu Hause. Geborgenheit, Sicherheit. Sie kann daher versuchen, sich einfach diesen Wohlfühlfaktor auf andere Art zu verschaffen, ggf. Kleidung tragen, in der sie sich besonders wohlfühlt, an Menschen denken, die sie mag und die vielleicht am Anfang noch mit dabei sind und in der ersten Reihe stehen/ sitzen oder wo sie sich einfach vorstellt, wie sie zu ihrem Freundeskreis spricht und sich die fremden Menschen eben wie gute Freunde vorstellt. Dies könnte helfen.

Was blockiert mich? Was ist das Problem? (Position 6 – Berg):
Eine Fassade nach außen zeigen/ sich selbst vergessen/ sich zu sehr in den Mittelpunkt stellen/ sich nicht von anderen gebraucht zu fühlen/ intolerant zu sein/ nicht offen für andere zu sein.

Also in Bezug auf das Haus in der Mitte denke ich, Margit muss dabei auch an sich denken, dass sie sich eben wohl dabei fühlt und sich auch so zeigen darf und geben kann wie im privaten Rahmen. Also, dass sie keine Fassade nach außen braucht oder sich verstellen muss. Einfach sie selbst bleiben und genauso kommunizieren wie im privaten Bereich auch. Dann kommt sie authentisch und sympathisch rüber und fühlt sich sicherer und kann die Herausforderung, vor vielen anderen zu sprechen, auch besser meistern. Der Gedanke, zu sehr im Mittelpunkt zu stehen, ist möglicherweise auch unangenehm für Margit, da könnte es helfen, sich vorzustellen, ich bin der Fels in der Brandung und stehe hier standhaft und fest und bringe voller Überzeugung mein Wissen unter die Menschen und das ist gut so und gibt auch anderen Halt, Schutz, Geborgenheit und Sicherheit (Haus ja in der Mitte, was als Thema immer stärkend dazukommt).

Was sehe ich nicht? (Position 4 – Anker):
Dass Arbeit für den Lebensunterhalt erforderlich ist/ man an etwas arbeiten muss/ Abhängigkeiten unfrei machen/ dass es nicht funktioniert, sich an Menschen zu klammern und das unselbstständig macht.

Hier kann man noch mehr an sich selbst arbeiten, aber ich denke, da Margit das Wissen ja hat und es nur um das Vortragen geht, dass sie wertvolles Potenzial verschenkt. Denn sie könnte damit arbeiten und auch Geld verdienen, wenn sie Vorträge, Seminare über ihr Wissen gibt. Klammern oder festhalten an einer bestehenden Vorgehensweise ist ungünstig. Besser wäre es, sich der Blockade zu stellen, daran zu arbeiten. Ggf. bremst auch der momentane Beruf aus, also Tätigkeiten, die man ggf. als Ausrede benutzt, um nicht als

Referent vor einer Gruppe sprechen zu müssen oder wo man vielleicht denkt, wenn mich Kollegen sehen oder unter den Leuten sind, die zuhören.

Gedanken und Gefühle zum Thema (Position 1 – Mond):
Feingefühl und Sensibilität zeigen/ Sentimentalität/ mediale Fähigkeiten/ Intuition/ Erfolg und Anerkennung/ Gefühle/ Träume.

Margit möchte schon gern den Erfolg und die Anerkennung, die man nach so einem Vortrag ja bekommt. Sie träumt davon, also möchte sie es auch machen.

Was brauche ich noch? (Position 2 – Bauch):
Einen Plan zu schmieden/ Visionen zu entwickeln/ Verletzungen heilen/ den Weg der Genesung gehen/ sich wieder heil fühlen können/ seine Sexualität leben/ Ordnung ins Chaos bringen.

Margit soll sich jetzt einen Plan machen, wie sie sich einerseits wohler fühlen kann, sie selbst bleiben, fest und sicher dastehen kann und mit Gefühl und ihrer Intuition die richten Worte trifft und das Publikum magisch verzaubern kann. Für sich selbst jetzt an der Struktur der Vorträge arbeiten, alles ordnen und dann so umsetzen, wie sie es einer Freundin erzählen würde, also als wenn man privat spricht. Ich denke, dieser Plan könnte helfen, dass sie sich selbst wohl in ihrer Haut fühlt und gern darüber sprechen möchte, was sie anderen halt sagen/ beibringen will.

Der nächste Schritt, dies tun/ Ratschlag (Position 3 – Schiff):
Die Lebensumstände anzunehmen und seinen Idealen treu bleiben/ das Auf und Ab im Leben als Lernaufgabe zu begreifen/ alles auf sich zukommen lassen, ohne manipulieren zu wollen/ auf Pausen achten und dass man auch mal ausspannt und den Dingen (wenn es läuft) auch ihren Lauf lässt.

Wenn der Plan reift, dann kommt dazu auch gleich das Ziel. Was genau möchte Margit erreichen? Wie sieht ihr Traum aus? Welche Vision hat sie? Dazu ruhig weiter den Plan ausarbeiten und sich in Gedankenreisen, Träumen schon mal vorstellen, wie es sein wird, wenn sie sich wohlfühlt und gern vor anderen Menschen spricht. Geduld mit sich selbst haben und die langfristige Reise planen, was sie gern machen möchte und ggf. ja an Arbeit da noch reinstecken möchte, damit es durchaus auch einen stabilen Lebensunterhalt als Arbeit sichert und eine solide, beständige Basis hat.

Dies kann man tun, um die Angelegenheit zu klären (Position 5 – Schlange):
Dem Reifeprozess die notwendige Zeit geben/ in der Ruhe liegt die Kraft/ Verantwortung für sein Leben und seine Gesundheit übernehmen/ gut für sich sorgen/ seine Lebensqualität verbessern.

Ergänzend zur Schlange fällt mir noch die Verführung ein. Margit kann durchaus mit ihren Worten verführen, also andere begeistern, anstecken und somit motivieren. Aus ihrer alten Haut herausschlüpfen und sich jetzt transformieren, dass man ab nun einfach so sein darf, wie man ist, auch Privates von sich zeigen darf, sich wohlfühlen und ganz in Ruhe sein Wissen weitergeben.

Da wird von außen geholfen, unterstützt (Position 7 – Berg):
Es werden einem Aufgaben gestellt/ bei Herausforderungen gibt es Unterstützung/ Probleme fordern die ganze Aufmerksamkeit/ das Messen mit den anderen motiviert zu Höchstleistungen.

Andere können als Vorbild betrachtet werden, so kann die Kollegin, die schon ganz selbstverständlich vor vielen Menschen spricht, auch ein Ansporn sein, ja, das kann ich auch. Beobachten, wie die ihre Herausforderung meistern, sich ggf. Tipps holen. Sich beim Vortrag vielleicht auch auf die Probleme der Menschen konzentrieren, wofür man ja im Vortrag Lösungen anbieten kann, à la ich helfe dir, dein Problem xy zu lösen. Fühlt sich der Zuhörer direkt angesprochen, erkennt er sich in den Worten mit seiner Situation wieder, wird er umso intensiver hinhören, wenn es um die Lösungsansätze geht und so kann man mit dem Vortrag dann richtig was bewirken und viele Menschen auch erreichen.

Die Lösung der Blockade (Position 8 – Schlüssel):
Dass man sein Potenzial entfaltet/ ein Ergebnis erzielt werden kann/ eine Lösung gefunden wird/ Engagement zeigen kann/ Zuversicht einem neue Türen öffnet/ man neue Ideen auf den Weg bringt.

In Ergebnissen denken. Was bewirkt Margit mit ihrem Vortrag? Hinterlässt sie bleibende Eindrücke und Lösungen oder Ergebnisse für den Kunden? Dann kann Margit im Vortrag selbst ihr ganzes Wissen entfalten, aus ihrem Potenzial schöpfen und wird mit ihren Worten verzaubern und buchstäblich für ihr eigenes spirituelles Business, aber auch in den Augen der Kunden, die Türen öffnen und etwas in Gang bringen. Und mit der Begeisterung der Zuschauer wird auch die Sicherheit bei den Vorträgen kommen und dass es von Mal zu Mal leichter geht, sich wohlzufühlen und wie zu Hause angekommen zu sein und kann selbstverständlich und selbstbewusst die Vorträge halten.

Fazit:
Der eigene Wohlfühlfaktor spielt eine wesentliche Rolle. Wenn Margit die Umgebung, sich selbst durch Kleidung, gut vorbereitetes Konzept, einen Plan, eine Ordnung einfach wohl beim Vortrag fühlt, dann läuft es mit Sicherheit alles runder und leichter.

Das eigene Potenzial/ Wissen nutzen, um bei anderen Probleme zu lösen bzw. Türöffner anzubieten. Sicherheit und Zuversicht werden steigen, umso mehr Margit auf ihr Bauchgefühl und den Wohlfühlfaktor hört und sich ohne Fassade, sondern einfach echt und durchaus privater, lockerer zeigt.

An sich selbst arbeiten, an einem guten Konzept arbeiten und viel mit Vorstellungskraft, Visionen und Träumen. Sich selbst Ziele setzen und sehen, wie man diese erreicht. Überlegen, was will ich bewirken, wo soll meine Reise (beruflich, spirituell, im Vortrag) hingehen?

Sich einen Plan machen, Ordnung schaffen und auf Ergebnisse setzen. All das, was an Wissen in ihr schlummert, will durch die Karte Bauch nach außen, will sichtbar werden.

Jetzt am Konzept arbeiten und selbstbewusst hinter dem eigenen Ziel stehen bzw. der Vision folgen, dann wird sich, denke ich, auch die Blockade beim Sprechen lösen, weil man einfach das tut, was man will, wo man unterwegs sein will und sich automatisch damit wohlfühlt und seine Begeisterung mit anderen teilen möchte.

Feedback von Margit

Hallo Angelina!
Danke für deine Deutung! Es ist sehr interessant, dass ich unbewusst einiges von deinen Vorschlägen bereits umsetze, weil ich das Gefühl habe, dass ich es brauche.

Thema: (PX) Das Wohlfühlen ist mir wirklich ganz wichtig, auch, welches Gewand ich anhabe. Es waren immer Menschen dabei, denen ich vertrauen konnte, allerdings änderte das bei wirklich großen Menschenmengen nichts an meiner Aufregung während der ersten Minuten. Es ist, als ob ich einen Anlauf bzw. eine Vorübung (für mich wohl Sicherheit) brauche.

Blockade: (P6)
Ich mag und werde mich auch nicht verstellen (da zeigt sich wohl der Schütze in mir). Ich denke, das würde jeder merken. Aber das Bild, mich mir selbst als Leuchtturm (= Fels in der Brandung) vorzustellen, den so schnell nichts aus der Ruhe bringt und der anderen ein sicheres Gefühl geben kann, gefällt mir gut.

Was sehe ich nicht? (P4)
Es ist schön, das zu lesen! Ich weiß wirklich, dass mein Wissen für viele Menschen interessant wäre. Natürlich bin ich vorsichtig mit dem, was ich sage, um meiner Schule nicht zu schaden. Es könnte ja auch immer jemand vom Amt da sein (Ein Erlebnis dieser Art hatte ich vor 7 Jahren am Anfang meiner Schule). Andererseits brennen mir diese Themen so auf der Seele, dass sie hinausmüssen. Gerade Kinder sind ein großes Thema für mich. Und sie brauchen Eltern und Lehrer, die sie verstehen.
Vielleicht liegt es an der Vorgehensweise, wie du schreibst. Vielleicht sollte ich eine neue Art erfinden, wie ich an die Menschen herankomme. Der 1. Versuch ist für meine Begriffe nicht besonders gelungen, weil beim Vortrag fast nur Leute da waren, die schon bewusst auf dem Weg sind. Ich möchte aber neue erreichen.

Gedanken und Gefühle (P1)
Stimmt hundertprozentig! Wobei es einfach meinem Gefühl und meiner Natur entspringt, anderen etwas für mich Wichtiges mitzuteilen.

Was brauche ich noch? (P2)
Ein Ablaufplan ist für mich unabdingbar, obwohl ich weiß, dass es sein kann, dass ich ganz woanders lande, wenn es richtig erscheint. Ein Plan gibt mir jedoch eine gewisse Sicherheit.

Der nächste Schritt/ Ratschlag (P3)
Das ist wohl wahr! Alles auf mich zukommen lassen und trotzdem meine Träume „weiterspinnen", auf Fantasiereisen meine Ziele weiterzuverfolgen und nicht aufzugeben, das alles mache ich zu wenig.

Zur Klärung zu tun (Pos. 5)
Es stimmt total. Ich kann wirklich so reden, dass andere gebannt zuhören – wenn ich im Fluss bin.

Hilfe von außen (Pos. 7)
Probleme als Chance zu sehen, ist wohl das Stichwort für mich – und durch bzw. darüber hinaus zu gehen!

Die Lösung der Blockade (P8)
Das, was du beschreibst, ist exakt das, was ich will. In Ergebnissen habe ich bisher nicht so gedacht, weil ich viel zu sehr die Problematik gesehen habe, den „richtigen" Weg einzuschlagen und alles perfekt zu planen. Wenn es mir öfter gelingt, wird es sicher besser. Aber das muss erst einmal passieren!

Zum Fazit
Es beruhigt mich, dass du meine Situation so positiv siehst. Ich rede ja wirklich oft vor den Eltern und denke mir nichts dabei. Aber es ist doch anders, nicht über die Schule, sondern über die eigenen tiefsten Überzeugungen als Hauptthema zu reden.

Zusammenfassend kann ich sagen, dass diese Legung den Kern trifft und die Situation sehr gut beschreibt. Du hast auch mein Bauchgefühl erwähnt, dem ich noch immer nicht genug vertraue – das weiß ich. Vielleicht heißt der Bauch auf Position 2 bei mir auch, auf mein Bauchgefühl, meine Intuition zu vertrauen?

Was mich zusätzlich bei dieser Legung brennend interessieren würde, wäre die Frage, woher diese Blockade kommen könnte (Früheres Leben oder aus einer Situation in diesem Leben?).
Müsste ich deinem Gefühl nach dazu eine eigene Legung machen oder reicht es, eine Karte (oder mehr) zu ziehen? Ich weiß, dass es egal ist, aber es interessiert mich einfach. Vielleicht möchten das auch andere Menschen wissen?

Danke!
Margit

Ergänzende Legung auf das Feedback von Margit hin

Auf die Frage „Woher genau diese Blockade kommt“, habe ich mal 2 Ergänzungskarten ziehen lassen, damit ich eine Kombi deuten kann.

Margit zog zuerst Karte 28 – Herr und dann noch die 23 – Mäuse.

Die Antwort könnte man mit dem psychologischen Aspekt deuten, die ich jetzt auch mal an Margit geschickt hatte und es der Vollständigkeit halber auch hier ins Buch mit rein nehme. Im Austausch zwischen uns kamen dann noch Margits Ergänzungen hinzu.

Psychologischer Aspekt (Herr): Willensstark, autoritär, ehrgeizig, mutig, dominant.

Psychologischer Aspekt (Mäuse): Unzufrieden sein, pessimistisch, fehlerhaft, verzichten müssen, etwas entbehren, etwas oder jemanden vermissen, bescheiden sein, demütig.

Mein erster Deutungsgedanke war: Prägung durch einen Mann. Oder weil Männer ja der aktive Part sind und geben und handeln, vielleicht der Anteil in Margit, also der männliche Anteil, der unterdrückt wird, weil sie mehr weiblich sein will. Mäuse fressen auch die Aktivität auf, also ins Handeln zu kommen. Und vor Leuten zu sprechen, ist handeln und die Blockade verhindert das dann.

Margits Antwort: Ich bin Zeit meines Lebens Single mit verschiedenen Beziehungen. Als Kind durfte ich allerdings 30-40-strophige Gedichte meines innig geliebten Vaters aufsagen, die ich auswendig lernte. Ein Mikrofon hatte ich da natürlich noch nicht. Ob jemals eine ungute Situation dabei war, weiß ich leider auch nicht.

Ja, hier ist durchaus die Prägung von einem Mann (wahrscheinlich dann der Vater) gemeint. Mit Mäusen zusammen vielleicht noch der Aspekt mit dem Fehler (beim Aufsagen der Gedichte keinen Fehler machen, sonst enttäuscht man den Vater). Heute dann am Mikrofon stehen und bloß keinen Fehler machen, denn der Vater (auch wenn vielleicht schon verstorben) wäre sonst enttäuscht.
Ich lasse das jetzt mal so stehen, vielleicht wirkt es ja noch nach oder gibt später noch eine intensivere Erklärung in Margits Träumen. Das Unterbewusstsein wird einen Weg finden, es sichtbar zu machen, wenn es für Margits Seele wichtig ist. Sonst bleibt die Aussage als Befriedigung der Neugier mal so stehen ☺.

Beispiel 6: Blockaden (Tierkommunikation)

Die Fragestellerin ist Magda. Die Deutung von Andrea.

Was blockiert Magda, direkt mit Tieren, als Tierkommunikatorin, zu sprechen? Worin liegt hier ihre Blockade, locker und leicht zu kommunizieren?

Die Karte X in der Mitte wurde verdeckt gezogen.

Thema, um das es dabei geht (Position X in der Mitte – Fische): Geld, Finanzen. Materielle Werte, Besitz, Kapital. Etwas vertieft sich, etwas fließt. Tiefstes Inneres, berührt uns, Seele. Wasser, Alkohol und zu viel davon = Sucht (z. B. zur Beruhigung oder Belohnung). Der Karokönig = ein Mann, der jünger als die fragende Person ist. Oder Bruder, Onkel, Freund.

Es geht um den Wunsch die Tierkommunikation zu vertiefen, es besser fließen zu lassen. Dich tief in deinem Inneren davon berühren zu lassen und von Seele zu Seele zu kommunizieren.

Was blockiert mich? Was ist das Problem? (Position 6 – Anker):
Abhängigkeiten/ Arbeit, die einen nicht erfüllt/ nicht treu sein zu können/ an Beziehungen festhalten, die nicht guttun, sich daran klammern.

Dies ist nicht nur eine Arbeit für dich, sondern etwas, das dein ganzes Leben erfüllter und reicher sein lässt. Trenne dich davon, wie andere es dir vorgemacht haben und finde deinen eigenen Arbeitsstil, mit den Tieren zu kommunizieren.

Was sehe ich nicht? (Position 4 – Sonne):
Wo Licht ist, ist auch Schatten/ dass alles zu optimistisch gesehen wird durch die rosarote Brille/ es einen viel Energie kostet/ die Lebensfreude zu kurz kommt/ man sich zu viel zumutet.

Vielleicht mutest du dir anfangs zu viel zu und hast es anders eingeschätzt, als es ist. Du solltest dich locker machen und deine Lebensfreude in dieser Arbeit wiederfinden. Strahle aus dir selbst heraus, wie eine Sonne, die alles nährt.

Gedanken und Gefühle zum Thema (Position 1 – Schlange):
Komplikationen/ indirekt ans Ziel kommen/ mit Verzögerungen rechnen müssen/ Umwege in Kauf nehmen/ Neid und Missgunst/ jemandem etwas nicht gönnen.

Du wirst mit Verzögerungen rechnen müssen, da es nicht so läuft, wie du es dir vorgestellt hast. Diese Komplikationen bedrücken dich und du überlegst, wie du deinem Ziel, mit den Tieren zu kommunizieren, näher kommst. Dabei ist in deinen Gedanken alles so kompliziert.

Was brauche ich noch? (Position 2 – Ruten):
Ein faires Miteinander/ Kommunikation auf Augenhöhe/ Entgegenkommen bei Auseinandersetzungen/ Kompromissbereitschaft.

Hier gilt es, Kompromisse einzugehen und die hohe Erwartungshaltung und den Erfolgsdruck mal beiseitezuschieben. Die Kommunikation sollte auf Augenhöhe geschehen, also sei eine Seele, die mit einer anderen Seele Kontakt aufnimmt.

Der nächste Schritt, dies tun/ Ratschlag (Position 3 – Park):
Mit seinem Anliegen nach außen gehen/ offen und tolerant sein/ Kontakte pflegen/ die Meinung anderer Menschen einholen/ andere akzeptieren.

Gehe offen an die Sache heran und nimm so oft wie möglich Kontakt mit den Tieren auf. Lass dir Unterstützung geben, indem du die Meinung anderer in deine Gedanken miteinbeziehst und dir das davon heraussuchst, was für dich nützlich ist. Akzeptiere die Situation so, wie sie sich gerade zeigt.

Dies kann man tun, um die Angelegenheit zu klären (Position 5 – Bär):
Selbstbewusst sein Ziel verfolgen/ den anderen beschützen/ Rückgrat zeigen/ souverän seine Erfahrungen nutzen.

Gehe selbstbewusst an deinen Herzenswunsch, mit den Tieren zu kommunizieren, heran und halte dein Ziel klar vor Augen. Du hast alles, was du brauchst und kannst souverän deine Erfahrungen nutzen, um deinen Wunsch, mit den Tieren in Verbindung zu treten, zu verwirklichen.

Da wird von außen geholfen, unterstützt (Position 7 – Sarg):
Etwas hat sich totgelaufen bzw. verbraucht/ alte Mechanismen funktionieren nicht mehr/ das, was man nicht mehr will, zeigt einem auch, was man jetzt braucht.

Da die Verbindung zu den Tieren noch nicht funktioniert, ist es wichtig, alte Strategien und Mechanismen sein zu lassen. Beende, was nicht in Ordnung ist und gehe mit neuem Elan an die Sache heran.

Die Lösung der Blockade (Position 8 – Vögel):
Etwas geschehen lassen, ohne daran herummäkeln zu müssen/ nicht sofort eine „Lösung“ parat haben zu müssen/ über respektvollen Austausch zu einer Einigung finden/ alles nicht mehr so „hochkochen“ und eng sehen.

Es gilt wohl, entspannter an die Sache heranzugehen und nicht dauernd an dir selbst herumzumäkeln. Das verunsichert dich mehr, als dass es nützlich wäre und dir geht die Leichtigkeit verloren, die dafür verantwortlich ist, dass sich deine Kommunikationskanäle öffnen können.

Fazit:
Die Tierkommunikation ist etwas, was nicht nur eine Arbeit für dich ist, sondern wo du mit deiner ganzen Seele dabei bist (Fische/ Anker). Bloß mit dem Selbstvertrauen klappt es noch nicht so gut (Sonne/ Schlange) und der Druck, dass es gelingen muss.

Die Schwierigkeiten der Kommunikation sind deutlich zu sehen (Schlange/ Ruten), aber bedenke bitte, dass diese Komplikationen in deiner Gedankenebene sind. Der Druck, der dadurch entsteht, könnte verhindern, die Botschaft der Tiere wahrzunehmen. Nutze alle Impulse und Informationen von außen (Park), finde jedoch deine ganz eigene Art der Kommunikation, so wie es für dich richtig ist und deiner Veranlagung entspricht (Bär).

Dann kannst du mit mehr Ruhe darangehen und dich nicht mehr so verunsichern lassen. Dieser Erkenntnisprozess wird die Schwierigkeiten transformieren und den Weg frei machen zur Kommunikation mit den Tieren (Sarg/ Vögel). Gönne dir zwischendurch mehr Ruhepausen und lasse das Thema ganz ruhen (Sarg) und eliminiere alle Zweifel aus deinen Gedanken. Mit deiner Seele bist du längst mit den Tieren verbunden, wie die Fische in der Mitte sehr schön zeigen.

Feedback von Magda

Hallo liebe Andrea,
herzlichen Dank für die doch ausführliche Deutung. Es trifft den Nagel auf den Kopf. Mir fehlt tatsächlich noch Selbstvertrauen und ich setze mich vielleicht zu stark unter Druck mit „Es muss doch klappen“ – und das so schnell wie möglich, was mir aber nicht so leicht gelingt.

Ich werde den Rat beherzigen, mehr Ruhepausen einlegen und meine Zweifel „ablegen“.

Liebe Grüße und alles Gute weiterhin,
Magda

Beispiel 7: Blockaden (Hausverkauf)

Der Fragesteller ist Karl. Die Deutung von Angelina.

Karl hat ein älteres Haus, das vor Jahren total renoviert und umgebaut worden ist. Seit längerer Zeit möchte er dieses über einen professionellen Verkäufer veräußern. Bis dato leider ohne Erfolg, trotz Anpassung des Verkaufspreises nach unten. Was blockiert seine Verkaufsabsicht?

Die Karte X in der Mitte wurde verdeckt gezogen.

Thema, um das es dabei geht (Position X in der Mitte – Ring):
An etwas gebunden sein. Verbindung, Beziehung, Ehe. Verträge jeder Art. Verpflichtung, Verein. Wiederholung, sich im Kreis drehen oder auch Routine. Vollendung, etwas abrunden, abschließen.

Hier könnte man jetzt natürlich die Bestätigung mit dem Vertrag oder der Bindung an das Haus sehen. Da die Karten aber auch Hinweise geben sollen, woran es nun liegt, dass die Blockade da ist, denke ich, der Ring will darauf hinweisen, dass noch irgendeine andere Art von Bindung mit dem Haus beseht. Vielleicht ist man emotional noch daran gebunden oder fühlt sich verpflichtet?

Was blockiert mich? Was ist das Problem? (Position 6 – Herr):
Seinen Willen durchsetzen wollen/ zu ehrgeizig sein/ zu autoritär auftreten/ alles an sich reißen/ Dominanz.

Spontan fällt mir dazu nur ein: es zu sehr wollen. Unbedingt das Haus loswerden wollen und sich damit unbewusst vielleicht unter Druck setzen, dass es dadurch dann erst recht nicht klappt.

Was sehe ich nicht? (Position 4 – Kind):
Sich nicht so ernst zu nehmen/ sich nicht an Altem festzuklammern/ dass man sich kindisch benimmt/ die Leichtigkeit und Verspieltheit verloren zu haben/ unvoreingenommen an die Sache heranzugehen.

Ja, scheinbar fehlt die Leichtigkeit und Unbekümmertheit. Mit dem Mann davor eben zu sehr der Wille, es jetzt loszuwerden. Außerdem ist der bisherige Verkäufer vielleicht nicht die optimale Wahl. Ein neuer Mann könnte durchaus auch hilfreich sein und den bisherigen mal loslassen, anstatt an ihm festzuhalten und zu denken, muss doch mal klappen. Hier wird jedenfalls eine neue Möglichkeit nicht gesehen oder nicht wahrgenommen und mit dem Mann darunter hat es bestimmt auch mit einer Person zu tun oder der Aktivität, etwas anzupacken und umzusetzen, diese könnte auch noch zu klein sein und noch zu unreif. Für mich wirkt es so, als sei der Verkäufer halt nicht die beste Wahl.

Gedanken und Gefühle zum Thema (Position 1 – Buch):
Geheimnis/ Verborgenes/ Schweigen/ Verschlossenheit/ Unnahbarkeit/ Lernen/ Wissen/ Erkenntnis.

Betreffend das Haus hat man dichtgemacht und das Kapitel für sich beendet, man will endlich den Verkaufvertrag unterschreiben.

Was brauche ich noch? (Position 2 – Schiff):
Mehr Hoffnung auf seinem Weg/ sich auf das Abenteuer seiner Lebensreise einzulassen/ geduldig zu sein/ Hoffnung zu schöpfen/ zu wissen, man ist bereits auf dem Weg/ Ballast über Bord werfen und ggf. auch neue Segel setzen, um sich Wünsche zu erfüllen.

Ja, Karl braucht wohl noch etwas Geduld und könnte die Segel neu setzen, indem er nicht den Preis heruntersetzt (wie schon mehrfach getan), sondern den Ballast loslässt (was ihn eventuell doch noch unbewusst an das Haus bindet) und auch, was einen neuen Makler/ Verkäufer betrifft, der wieder neuen Wind hereinbringen könnte.

Der nächste Schritt, dies tun/ Ratschlag (Position 3 – Bauch):
Vorbereitungen treffen/ Pläne schmieden/ Ordnung schaffen/ Heilung geschehen lassen/ Sex haben/ Heilung anstreben.

Sich noch mal hinsetzen und genau überlegen, wie es weitergehen könnte, wer helfen kann und tatsächlich mal Ergebnisse bringt. Ordnung reinbringen, sich vorbereiten und zusammen mit dem Schiff daneben sich vielleicht erst mal das Ziel vorstellen. Also sich im Traum, in einer Vision, vorstellen, wie der Vertrag über den Verkauf zustande kommt. Dass Karl das Objekt abgibt und dafür das Geld bekommt, das er auch haben möchte, was es wert ist. Sich das Ziel immer wieder vorstellen und diesen Plan verfolgen. Im Geiste schon die Reise am Ziel sehen und sich das Ergebnis vorstellen.

Dies kann man tun, um die Angelegenheit zu klären (Position 5 – Fische):
Tief in die Seele schauen/ sich seinen Süchten stellen/ gut für sich sorgen und seinen Besitz sichern/ mehr Geld verdienen.

Bei mehr Geld dachte ich jetzt tatsächlich daran, den Kaufpreis wieder höher zu setzen. Zu niedrig, denkt mancher, vielleicht auch: ist nichts wert, taugt nichts und schaut es sich gar nicht erst an. Mal ausprobieren, den Preis wieder nach oben anzupassen. Später kann man bei Kaufinteressenten ja immer noch etwas runtergehen. Hier eher das Ergebnis mit „Dieses Haus ist das Geld wert“ und wird entsprechend verkauft. Diesen Gedanken, dieses Ziel in sich stärken und von den Ergebnissen träumen, sodass eine positive Verbindung zum Geld und Vertrag entstehen kann.

Da wird von außen geholfen, unterstützt (Position 7 – Baum):
Sich Heilweisen zuwenden/ Informationen über ein gesundes Leben nutzen/ sich bei seiner Gesundheit von anderen unterstützen lassen (Arzt, Heilkreis, Yoga, Selbsthilfegruppe etc.)/ aus der Natur Heilung erfahren (Homöopathie, Bachblüten, Kräuterkunde, Aromatherapie etc.)/ in der Natur Kraft schöpfen/ wissen, wo man hingehört, welchen Platz man hat.

Der Baum steht für eine gesunde Entwicklung und für Wachstum. Dies hört sich für mich ebenfalls danach an, es mal neu auszuprobieren mit einem höheren Preis. Damit ein gesundes Verhältnis da ist, was den Wert des Hauses betrifft.

Die Lösung der Blockade (Position 8 – Sonne):
Sich vom Optimismus anstecken lassen/ mehr Ausstrahlung bekommen/ wieder erfolgreich sein/ Kraft und Energie tanken/ seinen Optimismus wiedererlangen/ seine Willenskraft für seine Ziele einsetzen.

Karl sollte trotz der momentanen Schwierigkeiten, einen Käufer zu finden, optimistisch bleiben, das Positive des Hauses hervorheben. Was lässt das Haus in den Augen von interessierten Käufern strahlen? Wo glänzt es und hebt sich positiv hervor? Mehr die Vorteile in Verkaufsgesprächen betonen oder auch in Anzeigen. Was ist das Besondere an diesem Haus? Und auf jeden Fall dranbleiben am Thema, es lohnt sich und sollte für den Wert verkauft werden, den es auch hat und nicht den Preis reduzieren, nur weil es weg soll.

Fazit:
Ich würde definitiv einen neuen Verkäufer aussuchen, der erstens den Preis wieder angemessen hoch ansetzt und das Objekt richtig strahlen lässt, damit es von Käufern sehr positiv wahrgenommen wird. Alle Vorteile besonders hervorheben. Fotos im perfekten Licht machen. Und Karl sollte sich in seiner Vorstellung definitiv am Ziel sehen, wie das Haus zu einem guten Preis verkauft wird. Wie es einen neuen Besitzer bekommt und alle Seiten damit glücklich sind.

Feedback von Karl

Liebe Angelina,
Ich freue mich, dass auch mein Beitrag zum Thema Blockade deine Zustimmung gefunden hat.

Hier schreibe ich dir mein Feedback:
Einmal mehr stelle ich fest, dass die Karten, dein 9-System und deine Deutungen recht haben, nur ich selbst bin mit meinem Denken und Handeln die Blockade.

Vor ca. 12 Jahren habe ich das 50 Jahre alte Haus zum Verkauf ausgeschrieben gesehen, mich dafür interessiert, es gekauft und renoviert. Als ich zum ersten Mal im Haus drinnen war, sah ich in einem Raum ein Bild aus meiner Heimat hängen. Ich war verblüfft und spürte intuitiv ein Gefühl von Verbundenheit.

Meine Frau steckte „Herzblut" in die Erneuerung der Wohn- und Geschäftsräumlichkeiten. Im Erdgeschoss entstand ein Gastgewerbebetrieb an bester Verkehrslage. Zuerst führte meine Frau für ca. ein Jahr den Betrieb. Sie hatte jedoch keine Erfahrung als Wirtin und die Arbeit wuchs ihr über den Kopf.
Mit den darauffolgenden Verpachtungen des Lokals hatten wir mehrheitlich Pech. Dies veranlasste meine Frau dazu, dass sie immer wieder den Wunsch des Veräußerns hegte. Ich selbst war eher zurückhaltend. Jedoch hatten wir bis heute verschiedene Verkäufer nacheinander mit dem Verkauf betraut. Ich selbst war jeweils innerlich überzeugt, dass der richtige Moment noch nicht gekommen sei.

Eine Woche bevor ich nun die Karten gelegt und dir geschickt habe, ergab sich Folgendes: Ich stelle mir täglich vor, dass ich das Haus verkauft habe. Was geschieht: Meine Frau kommt ein paar Tage später nach Hause und berichtet, dass sie jemanden getroffen habe, dessen Bekannter Interesse hätte, das Gebäude zu kaufen. Er sage, dass das Gebäude für ihn strahle! Dieser Bekannte werde in ca. einem Monat vorbeikommen und mit uns verhandeln. Wie es weitergeht, wird die nahe Zukunft zeigen.

Was haben mir da die Karten und du mit deiner Deutung bewusst gemacht: die Verkaufsaktivitäten wechseln und sich das Ergebnis visualisieren. Einmal mehr: Die Karten lügen nicht!

LG Karl

Beispiel 8: Blockaden (Partnerschaft)

Die Fragestellerin ist Andrea W. (also eine andere Andrea ☺).
Die Deutung von Andrea.

Was hindert Andrea noch, einen passenden Lebenspartner in ihrem Leben zu manifestieren?

Die Karte X in der Mitte wurde verdeckt gezogen.

Thema, um das es dabei geht (Position X in der Mitte – Schiff):
Urlaub, Reise, Ziele, Wünsche, Träume, Visionen, Geduld, es fließen lassen, abwarten können, passiv sein, die Dinge auf sich zukommen lassen.

Das Schiff ist eine hohe Energiekarte, die uns auf eine neue Ebene heben möchte. Die Seele drückt sich in Form von Sehnsucht, aber auch seelischer Stärke aus und die Hoffnung stirbt zuletzt.

Was blockiert mich? Was ist das Problem? (Position 6 – Lilien):
Seine innere Mitte verloren zu haben/ aus dem Gleichgewicht geraten/ seine Unschuld verloren/ keine Harmonie verbreiten und empfinden/ Undankbarkeit/ Harmoniesucht/ Zufriedenheit, die träge macht/ Dankbarkeit, die einem das Gefühl gibt, verpflichtet zu sein.

Du hast deine innere Mitte verloren und bist aus dem Gleichgewicht geraten. Dies zeigt sich auch in deinem Umfeld.

Was sehe ich nicht? (Position 4 – Wolken):
Dass der Nebel sich wieder lichten wird/ die Unsicherheit vergeht/ das innere Licht Orientierung bietet/ das Licht am Ende des Tunnels/ Möglichkeiten erkennen, wo andere vielleicht welche sehen können.

Dass die Unklarheiten beseitigt werden und dir deine innere Führung die richtige Orientierung bietet.

Gedanken und Gefühle zum Thema (Position 1 – Sense):
Überraschung/ plötzliche Veränderung der Situation/ Einschnitt ins Leben/ etwas schmerzt/ etwas hat einen verletzt.

Kann es sein, dass dich eine frühere Beziehung sehr verletzt hat? Diese Wunden noch immer nicht richtig verheilt sind? Deine Gedanken im Zwiespalt sind, denn du möchtest gerne eine Veränderung deines Beziehungsstatus, doch deine Gefühle spiegeln noch deine Verletzlichkeit wider.

Was brauche ich noch? (Position 2 – Ringe):
Mehr miteinander unternehmen/ ein Zugehörigkeitsverhalten entwickeln/ einen Zusammenhang entdecken/ ein Muster erkennen/ Verantwortung übernehmen/ Verbindlichkeiten erfüllen.

Es gilt, einen Zyklus abzuschließen und alte Muster zu erkennen. Den Zusammenhang von unterbewussten Mechanismen erkennen und diese Blockade der inneren Programmierungen nicht immer wieder zu wiederholen.

Der nächste Schritt, dies tun/ Ratschlag (Position 3 – Vögel):
Mehr Ruhe in die Situation bringen/ sich nicht in die Sorgen hineinsteigern/ die Nerven beruhigen/ toleranter mit sich und anderen umgehen/ seine Meinung nicht dauernd ändern wie ein Fähnchen im Winde.

Mut zur Veränderung sollte das Motto sein. Altes und Gewohntes wird infrage gesellt und die Loslösung von alten Verletzungen bringt mehr Ruhe in die Situation und nimmt den Stress da raus. Der blinde Fleck, der eine unterbewusste Anti-Haltung bewirkt, verhindert einen toleranten Umgang mit dir selbst und anderen.

Dies kann man tun, um die Angelegenheit zu klären (Position 5 – Blumenstrauß):
Sich inspirieren lassen/ auf seine Talente vertrauen/ sich der positiven Voraussetzungen klar werden und was sie an Geschenken beinhalten/ seinem Selbst Ausdruck geben.

Lass dich inspirieren, und wenn du manifestieren möchtest, dann gib in der Vorstellung deinem eigenen Selbst den Ausdruck, den du für dich haben möchtest. Lass deine innere Schönheit strahlen und vertraue auf die Kreativität deiner Heilkraft.

Da wird von außen geholfen, unterstützt (Position 7 – Park):
Andere sind für einen da/ man wird gebraucht/ das Umfeld nimmt einen zur Kenntnis/ Verabredungen möchten vereinbart werden.

Wenn du aus dir selbst heraus strahlst und dein Selbst sich entfalten kann, dann nehmen dich auch andere in deinem Umfeld zur Kenntnis. Deine Ausstrahlung wird dabei wie ein Magnet wirken.

Die Lösung der Blockade (Position 8 – Baum):
Kraftvoll voranschreiten/ gut für sein Wohlbefinden sorgen/ dem Heilungsprozess eine Chance geben/ auf Vergangenes aufbauen und daran wachsen/ an den Lebensaufgaben wachsen/ das Licht am Ende des Tunnels sehen/ auf sein Potenzial vertrauen.

Baue auf Vergangenes auf und gib deinem Heilungsprozess eine Chance. Vertraue auf dein dir innewohnendes Potenzial und sorge für dein eigenes Wohlbefinden. Wachse an der Betrachtung und dem wesentlichen Sinn deines Partnerwunsches in deine ganz eigene Ganzheit hinein, mit allem, was dich ausmacht und deine eigene Schönheit bedeutet.

Fazit:
Das Schiff zeigt schon den Weg zu deiner Seele an, mit der Grenzauflösung und der Botschaft, deine eigene Kraft zu nutzen. Die Harmonie, die bereits in dir ist, wird nur davon getrübt, dass dein Fokus nach außen geht (Lilien/ Wolken). Das sensible Thema Partnerschaft (Sense/ Ringe) wird noch mal anders beleuchtet durch deine Emanzipation (Ringe/ Vögel), dein eigenes Licht strahlen zu lassen und deine Schönheit nach außen zu bringen (Blumen/ Park). Diese Anziehungskraft wird deine alten Glaubensmuster auflösen und dir die Grundlage dafür bieten, dich finden zu lassen (Blumen/ Park/ Baum).

Feedback von Andrea W.

Liebe Andrea,
fühlt sich stimmig an, dass da wohl noch eine Verletzung ist, spüre ich. Ich würde sie aus dieser Inkarnation mit der Beziehung meiner Eltern in Verbindung bringen (Lilie steht ja auch für Familie). Da habe ich eine Antihaltung entwickelt, was Partnerschaft betrifft. Auch ist das Vater-Thema bei mir noch mit Verletzung belastet. Bin dabei, Frieden zu schließen, immer wieder. Vermutlich ist aber selbst Mitgebrachtes auch noch ein Thema.

Mehr Weichheit, mehr ins Fließen kommen, mich Aussöhnen auf ganz tiefer Ebene ist definitiv ein Thema. Ich bin dran.
Ich glaube, ein Teil von mir sieht Partnerschaft auch als Verpflichtung, als etwas Einengendes, ev. sogar als etwas Bedrohliches und nicht als etwas, was schön und bereichernd sein kann.

Ich konzentriere mich momentan sehr auf mich selbst, auf meine Talente und bin dran, meine kreativen Projekte zu vollenden und zu bündeln, damit ich sie auch in die Öffentlichkeit bringen kann.
Trotzdem ist da immer wieder ein Gefühl da, nicht dazuzugehören, nur von außen zuzuschauen, aber etwas nicht selbst leben zu können.

Es ist mir bewusst, dass ich meine Realität selbst erschaffe – und meine Selbstwahrnehmung und die Liebe zu mir selbst bestimmen, wie andere auf mich reagieren. Ich übe, jeden Tag – manchmal geht mir die Lebensfreude verloren.

Danke dir von Herzen,
Andrea

Beispiel 9: Blockaden (Kartenlegen anfangen)

Die Fragestellerin ist Silvia. Die Deutung von Angelina.

Die Frage war: Was blockiert mich, endlich mit dem Kartenlegen anzufangen und mich dafür anzumelden?

Die Karte X in der Mitte wurde verdeckt gezogen.

Thema, um das es dabei geht (Position X in der Mitte – Sense): Gefahr, Warnung, vorsichtig sein. Spontaneität, plötzlich, gereizt, verletzt, bedrückt, belastet. Der Karobube = erster Sohn, ab 7 Jahren. Oder auch die dritte Tochter.

Noch zu vorsichtig sein, ggf. Angst davor, andere mit den Aussagen beim Deuten zu verletzen oder wie man etwas vorsichtig verpackt und dem anderen kommuniziert. Sich selbst noch belastet fühlen, ob man das da auch alles umsetzen kann und spontan (also unter Zeitdruck wäre ja bei einer Linie so) dann deuten kann.

Was blockiert mich? Was ist das Problem? (Position 6 – Haus):
Althergebrachtes Wertesystem/ Gewohntes, was man nicht missen möchte/ Grundbedürfnisse, die nicht gesehen werden/ das Innenleben, das sich nach Stabilität sehnt.

Sich noch nicht sicher genug fühlen, dass die Basis, das Fundament noch nicht ausreicht oder man sich nicht genügend schützen kann. Das Innere braucht noch die Stabilität und das Gefühl, sich beim Kartendeuten wohlzufühlen, wie damit zu Hause angekommen zu sein, wo man einfach sein kann, wie man ist und sich sicher fühlt. Ich denke, das Gefühl, sich beim Kartendeuten wie zu Hause zu fühlen (als wenn man nie etwas anderes gemacht hätte) fehlt noch und blockiert daher die Entscheidung, sich endlich anzumelden.
Möglich wäre aber auch, dass das private Umfeld, also die Familie, nahe Freunde, einen Einfluss ausüben, der hier eben für die Blockade sorgt, weil die vielleicht nicht zu 100 % hinter einem stehen, was man da machen will.

Was sehe ich nicht? (Position 4 – Herz):
Dass man die rosarote Brille aufhat/ man auf Wolke sieben schwebt/ die Schmetterlinge im Bauch einen in Hochstimmung versetzen/ man sich für jemanden oder die Sache aufopfert.

Dass die Herzlichkeit und Hilfe beim Kartendeuten im Vordergrund steht und Silvia dabei auf ihr eigenes Herz hören sollte. Liebt sie die Tätigkeit, Karten zu legen und zu deuten? Kommt es von Herzen? Wenn es ein Herzenswunsch ist, dann sollte sie diesem auch folgen und sich nicht selbst Steine in den Weg legen (weil sie sich noch nicht sicher genug fühlt oder Angst vor Verletzung hat oder durch das private Umfeld ausgebremst wird).

Gedanken und Gefühle zum Thema (Position 1 – Berg):
Herausforderung/ Frust empfinden/ Blockade/ Unnahbarkeit/ ein Problem haben.

Vom Kopf her noch blockiert sein. Es als Hindernis, Herausforderung ansehen, wo sie möglicherweise einfach Angst hat, ob sie es wirklich schafft, dies zu meistern und ihren Weg da auch langfristig zu gehen. Ein weiterer Gedanke, der mir in dem Zusammenhang einfällt, ist die Unnahbarkeit. Also, die Themen in Beratungen nicht zu nah an sich heranlassen, denn das belastet auch die eigenen Empfindungen, wenn man zu empathisch ist und da mitfühlt. Dass es schon auch ein bisschen Abstand braucht und Silvia sich deshalb noch zurückhält aus Sorge ums eigene Wohlergehen, ob sie genug Distanz aufbauen kann, sich selbst schützen und trotzdem eine einfühlsame Beratung geben kann.

Was brauche ich noch? (Position 2 – Sarg):
Zur Ruhe kommen/ dem Unbehagen ein Ende bereiten/ den Stillstand beenden und neue Kraft aufbauen/ seiner Krankheit die notwendige Aufmerksamkeit widmen.

Ja, hier passt am besten, dem Unbehagen ein Ende zu bereiten. Wenn es ein Herzenswunsch ist, sollte man die Vorsicht und Bedenken begraben und nach vorn schauen und es zumindest mal ausprobieren, wie die Arbeit damit sein kann.

Der nächste Schritt, dies tun/ Ratschlag (Position 3 – Anker):
Beharrlich an der Sache arbeiten/ sein Ziel verfolgen/ fleißig sein und stetig an seiner Angelegenheit, z. B. Ausbildung, dranbleiben/ nicht klammern und unbeweglich sein/ Treue beweisen/ sich selbst treu sein und Abhängigkeiten beenden.

Damit anfangen, zu arbeiten. Neben dem Sarg vielleicht noch im Stillen, also es noch nicht groß erzählen, ich mache das jetzt, sondern erst mal beginnen und zwischendurch auf genügend Pausen achten, damit man gesund bleibt und sich damit auch wohlfühlt und mit der Zeit immer besser und sicherer wird und der Herzenswunsch dann auch immer größer wird.

Dies kann man tun, um die Angelegenheit zu klären (Position 5 – Mond):
Mit Gefühl und Einfühlungsvermögen die Situation meistern/ intuitiv das Richtige tun/ verletzte Gefühle heilen/ sich selbst Anerkennung geben/ erkennen, was man für Träume hat.

Silvia sollte sich am Anfang noch selbst die Anerkennung geben, dass sie bereits gut im Kartendeuten ist und die richtigen Worte findet, das richtige Gespür hat. Dann kommt auch das entsprechende Feedback von anderen.

Da wird von außen geholfen, unterstützt (Position 7 – Schiff):
Gleichgesinnte teilen die Ideale/ Inspiration von anderen macht Mut/ Träume werden wahr/ ein Abenteuer oder ein lohnendes Ziel/ Urlaub und somit Entlastung durch andere.

Es kommt ins Fließen. Andere kommen auf einen zu und wollen die Beratung haben. Silvia kann eine Art Reisebegleitung mit Kartendeuten sein. Und das Feedback mit Anerkennung kommt ja dann auch auf sie zu und dies macht wiederum Mut, auch weiterzumachen und diese Reise als Kartenlegerin auch langfristig zu anzugehen.

Die Lösung der Blockade (Position 8 – Störche):
Mehr erreichen/ den Wandel akzeptieren/ nicht gegen den Strom schwimmen/ neue Ideen entwickeln/ wieder Interesse zeigen/ verlässlich sein.

Es darf sich verändern und das Interesse, die Herzensaufgabe, wird größer und man kann verlässlich damit arbeiten.

Fazit:
Egal, ob Silvia sich selbst im Weg steht oder aber ihr privates Umfeld, wenn sie tief in sich hineinspürt, dann ist es eine Herzensangelegenheit, die mehr beachtet werden will. Wo Silvia sich traut und in die Veränderung geht. Wenn sie darauf achtet, am Anfang noch eher im Stillen damit loszulegen und auf sich selbst achten kann. Also genug Pausen einlegen, sich etwas abschirmen können und damit den Eigenschutz haben und selbst stabil bleiben, wenn man auch mal nicht so schöne Sachen in der Beratung rüberbringen muss. Trotzdem eine einfühlsame Hilfe sein und anderen eine zuverlässige Reisebegleitung.
Wichtig ist, mit der Arbeit anzufangen und sich dabei immer wohler zu fühlen und auf den Eigenschutz zu achten. Sich vielleicht zu Hause einen Raum, einen Bereich suchen, wo nur gearbeitet wird, und wenn die Tür geschlossen wird, dann bleibt alles darin, kann ausgelüftet werden und Silvia ist nach Verlassen des Raumes wieder der Privatmensch und ganz bei sich. Also versuchen, Arbeit und Privat-Sein zu trennen. Belastungen nicht zu nah an sich ranzulassen, sich abgrenzen können und während der Beratung der Intuition, dem Herzen folgen und so empathisch die Beratung machen können und selbst dabei aber bei sich und in der emotionalen Stabilität zu bleiben.

Feedback von Silvia

Liebe Angelina,

Du hast das sehr gut erkannt.

Leider war ich lange krank und habe mich nicht mehr darum gekümmert und jetzt meine ich, ich muss wieder von vorne beginnen, weil ich das bisschen, was ich schon wusste, wieder vergessen habe.

Probiere es an meiner besten Freundin aus und stelle fest, dass ich positive Deutungen gleich weitergeben will. Jetzt habe ich eine weniger gute Nachricht für sie, und ich halte es zurück.

Da muss ich wirklich noch an mir arbeiten.

Und außerdem hast du hundertprozentig recht. Es ist für mich eine Herzensangelegenheit, Karten legen zu lernen. Ich werde mir deine Deutung zu Herzen nehmen.

Ich danke dir vielmals für die Deutung.

Allerliebste Grüße,
Silvia

Beispiel 10: Blockaden (Kein Kontakt zur Mutter)

Die Fragestellerin ist Mary. Die Deutung von Andrea.

Mary hat keinen Kontakt zu ihrer Mutter.

Die Karte X in der Mitte wurde verdeckt gezogen.

Thema, um das es dabei geht (Position X in der Mitte – Schlange):
Komplikationen, Verwicklungen. Herumeiern, auf der Stelle treten oder ein Schritt vor, zur Seite usw. Nur auf Umwegen mit Schlenkern ans Ziel kommen bzw. mit Verzögerung. Auch Vorsicht, Gefahr, giftige Gedanken, giftiges Umfeld, Neid.

Es geht um eine Beziehung zwischen Mutter und Tochter, die kompliziert ist. Die Atmosphäre zwischen den beiden ist vergiftet und die Differenzen scheinen unüberbrückbar.

Was blockiert mich? Was ist das Problem? (Position 6 – Fuchs):
Falsche Tatsachen vortäuschen/ lügen und betrügen/ nicht klug genug handeln/ den falschen Zeitpunkt wählen/ etwas falsch einschätzen/ sich falsch verhalten.

In der Vorgeschichte gab es bestimmt Lügen und ein Gefühl, sich betrogen zu fühlen. Zudem hat man den einen oder anderen Konflikt falsch eingeschätzt und den Zeitpunkt einer Aussprache falsch gewählt.

Was sehe ich nicht? (Position 4 – Kind):
Sich nicht so ernst zu nehmen/ nicht an Altem festklammern/ dass man sich kindisch benimmt/ die Leichtigkeit und Verspieltheit verloren zu haben/ unvoreingenommen an die Sache heranzugehen.

Es ist wichtig, sich nicht an Altem festzuklammern und unvoreingenommen an den Konflikt mit der Mutter heranzugehen. Ein neuer Versuch, den Dialog mit der Mutter wieder aufzunehmen, ist eine Möglichkeit, die sich anbietet.

Gedanken und Gefühle zum Thema (Position 1 – Wege):
Viele Möglichkeiten haben/ Entscheidungen stehen an/ eine Wahl muss getroffen werden/ sich nicht entscheiden können oder wollen/ sich alle Optionen offenhalten wollen.

Du machst dir viele Gedanken um das Thema und möchtest dir alle Optionen offenhalten. Jedoch ist dir auch klar, dass du eine Entscheidung treffen solltest, was dir aber sehr schwerfällt und wovor du zurückschreckst.

Was brauche ich noch? (Position 2 – Buch):
Man braucht mehr Informationen, um die Fragen zu klären/ sein Wissen mit anderen teilen/ seine Erfahrungen austauschen/ das Schweigen brechen.

Vielleicht ist es gut, dir mehr Informationen über die Beweggründe deiner Mutter zu verschaffen, um Fragen, die du dir in diesem Zusammenhang stellst, zu klären. Letztendlich hilft nur die Flucht nach vorne und das Schweigen zwischen euch zu brechen.

Der nächste Schritt, dies tun/ Ratschlag (Position 3 – Wolken):
Innehalten, das innere Licht finden/ sich nicht mehr vom äußeren Geschehen verunsichern lassen/ unbeschwerter durchs Leben gehen/ Unklarheiten beseitigen und Schwierigkeiten aus dem Weg räumen/ für mehr Klarheit sorgen.

Halte inne und mache dir deine Beweggründe klar, um das Schweigen zwischen euch aus der Welt zu schaffen. Berücksichtige dabei einzig und allein deine Meinung und lass dich nicht vom äußeren Geschehen verunsichern. So schaffst du Klarheit und findest heraus, was du wirklich willst.

Dies kann man tun, um die Angelegenheit zu klären (Position 5 – Lilien):
Mehr Harmonie und Hingabe leben/ Dankbarkeit ausdrücken/ innere Ruhe finden/ ins Gleichgewicht kommen/ Zufriedenheit anstreben/ Ausgleich schaffen.

Für dich wird es wichtig sein, Frieden in dir zu schaffen. Wieder in Harmonie zu leben und dein inneres Gleichgewicht wiederzuerlangen, unabhängig davon, wie es zwischen dir und deiner Mutter steht.

Da wird von außen geholfen, unterstützt (Position 7 – Ringe):
Ein Heiratsantrag/ ein geschäftliches Angebot, Vertrag/ Angebote von anderen, die verlässlich sind/ der andere zeigt einem seine Verbundenheit/ Routine kann einem Sicherheit vermitteln/ wenn sich jemand als verlässlicher Partner erweist.

Die Ringe deuten darauf hin, dass auch deine Mutter wohl gerne ihre Verbundenheit zu dir ausdrücken möchte. Ein Friedensangebot liegt im Bereich der Möglichkeiten und ihr könntet an Vertrautem anknüpfen und in den Dialog kommen.

Die Lösung der Blockade (Position 8 – Vögel):
Etwas geschehen lassen, ohne daran herummäkeln zu müssen/ nicht sofort eine „Lösung“ parat haben müssen/ über respektvollen Austausch zu einer Einigung finden/ alles nicht mehr so „hochkochen“ und eng sehen.

Du musst nicht für alles eine Lösung parat haben, aber vielleicht ist es nützlich, nicht mehr alles so eng zu sehen. Wenn ihr versucht, respektvoll in den Dialog zu gehen, könntet ihr wieder miteinander reden, ohne am anderen herummäkeln zu müssen.

Fazit:
Da die Vergangenheit belastend und deine Mutter nicht gerade die umgänglichste Person ist, wäre es sinnvoll, mehr Verständnis zwischen euch beiden zu schaffen. Altes immer wieder vorzuhalten (Fuchs/ Kind), schafft da keinen Neubeginn. So unter dem Motto, der Klügere gibt nach. Es gibt immer verschiedene Möglichkeiten und Ansichten, und selbst wenn du die Lösung nicht weißt (Wege/ Buch), hilft deine Entschlossenheit, dich in dieses Unbekannte zu wagen. Unklarheiten zu beseitigen und von deiner Seite aus Harmonie zu schaffen (Wolken/ Lilien). Selbst seitens deiner Mutter scheint es eine Bereitschaft zu geben den Streit zu begraben und wieder in einen Dialog mit dir zu treten (Ringe/ Vögel). Alles ist wohl besser, als in dieser Pattsituation zu bleiben und mit mehr Verständnis füreinander könnte ein Umgang miteinander wieder möglich sein. Die Vögel zeigen, dass es mit Aufregung einhergehen wird, jedoch beide daran wachsen können und mehr Harmonie und Frieden in sich und mit dem anderen schaffen können (Lilien/ Vögel). Wie sagt man: „Streit gibt es in der besten Familie!“

Feedback von Mary

Zu Position X
Absolut richtig! Man könnte auch sagen, dass es um das „Luft abstellen, wenn die Würgeschlange zudrückt" geht – meine Mutter ließ keinen Raum und auch keine Freundschaften zu. Alle waren nicht gut genug. Also könnte man diese Karte auch mit Gefangenschaft/ gefesselt sein/ gewürgt werden übersetzen.

Zu Position 6
Absolut richtig! Gerade dieses Gefühl des Betrogen-Werdens.

Zu Position 4
Kontakt möchte ich nicht, auch wenn mir diese Situation wehtut! Ich konnte mich endlich befreien. Allerdings würde ich da auch eine Aussöhnung/ Heilung mit dem inneren Kind darin erkennen bzw. eine Aussöhnung mit der Vergangenheit, um im Jetzt als erwachsene Frau besser ihre Teile zu integrieren.

Zu Position 1
Viele Gedanken – ja. Zur Entscheidung: Ich habe mich bereits dazu entschieden, meinen eigenen Weg zu gehen und habe erkannt, dass dies jeder auf seine eigene Art selbst entscheiden muss. Ich finde da den Begriff der „Abnabelung" auch passend.

Zu Position 2
Viele Beweggründe kenne ich – da habe ich bereits sehr viel in Erfahrung gebracht. Ich möchte das Schweigen nicht brechen. Ich möchte dieses Kapitel hinter mir lassen und ein für allemal abschließen. Um dann vielleicht auch eine neue gemeinsame Geschichte zu schreiben?

Zu Position 3
Auch das passt. Ja, innehalten, in sich gehen, seine eigene Klarheit finden, aber auch (Regenwolken = Regen = Tränen): Tränen vergießen, sich „ausheulen".

Zu Position 5
Absolut richtig! Das ist absolut wichtig! So sehe ich das auch (hat auch etwas mit „Abnabelung" zu tun).

Zu Position 7
Da wird von außen geholfen: Dies trifft auf meinen Mann zu, der die letzte große Auseinandersetzung miterlebt hat (wir waren da noch nicht so lange zusammen und er kannte meine Eltern erst ein paar Tage). Er gibt mir Liebe, Nähe und Vertrauen, also das, was meine Mutter nie konnte (bzw. nur auf ihre eigene Art, d. h. meine Mutter und ich „sprechen nicht die gleiche Sprache" – symbolisch gemeint).

Zu Position 8
Absolut richtig! Sich auf einer „anderen Ebene" zu begegnen, wäre das Beste.

Fazit:
Ich persönlich fühle mich durch diesen Abstand sehr wohl, auch wenn es mich traurig macht. Aber so habe ich endlich eine Freiheit, so zu sein, wie ich bin. Davor hat meine Mutter Angst. Sie schottet sich lieber ab, auch gesellschaftlich. Ich denke aber, sie muss mit ihren Schatten selbst klarkommen, denn Hilfe nimmt sie (noch) nicht an.

Die Eskalation war (so wie ich es empfinde) die Angst, dass jemand anderes „die Führung" innerhalb der Familie übernehmen könnte, ihre ganze Wut und Aggression konnte sie an mir abladen (es war nicht nur gegen mich persönlich gerichtet – ich war nur der Sündenbock/ Blitzableiter – wie all die Jahre zuvor). Es ist ihre Baustelle. Ich habe meine Familie und diese geht vor.

Aber ich weiß, dass jeder gleichermaßen Opfer und Täter ist und deshalb sehe ich in dem Verhalten meiner Mutter auch nicht die Schuld allein – irgendwo muss es ja hergekommen sein.

Aber diese Ruhe und den Frieden, den ich nun habe, möchte ich nicht durch einen erneuten Kontakt gefährden.

Und dieser Satz: „Streit gibt es in den besten Familien." Ja, das hat meine Mutter früher auch gerne gesagt ☺.

Das Legesystem – Loslassen (Hand)

1 Gedanken / Gefühle zum Thema.	**2** Was brauche ich noch?	**3** Der nächste Schritt, dies tun / Ratschlag.
4 Was sehe ich nicht?	**Thema, worum es beim Loslassen geht.** *<u>Hinweis:</u>* *In der großen Tafel um die Hand (Karte 40) deuten.*	**5** Bilanz ziehen und Verantwortung übernehmen.
6 Was schon da ist, woran ich festhalte oder was mich festhält.	**7** Da wird von außen geholfen, unterstützt.	**8** Die Erleichterung, das positive Resultat des Loslassens.

Beispiel 1: Loslassen (Spirituell – Selbstständigkeit)

Die Fragestellerin ist Andrea. Die Deutung von Angelina.

Sie möchte gern mit Kartenlegen ihr Geld verdienen und damit in die Selbstständigkeit gehen. Noch traut sie sich nicht, damit richtig loszulegen und möchte gern wissen, was sie beim Spirituellen loslassen muss, damit der Mut oder die Umsetzung, damit hauptberuflich zu arbeiten, endlich kommt.

Die Karte X in der Mitte wurde verdeckt gezogen.

Thema, um das es dabei geht (Position X in der Mitte – Hund)
Hilfe, Unterstützung, Vertrauen, Treue, Freundschaft, Hund.

Hier würde ich sagen, dass Andrea Hilfe und Unterstützung bekommen kann. Ich (Angelina) habe ja schon mal die Partnerschaft als ersten Schritt in diese Richtung angeboten. Und es geht bestimmt auch um ihr eigenes Vertrauen, was es nun zu stärken gilt, damit man das, was noch hindert, loslassen kann.

Was schon da ist, woran ich festhalte oder was mich festhält (Position 6 – Sense)
Ein Schicksalsschlag/ Belastungen/ Schmerz/ Aggression. Zu vorsichtig sein/ ggf. Angst vor Verletzung/ sich abgeschnitten fühlen/ an bisheriger Ernte = Ergebnisse festhalten.

Hier denke ich, dass Andrea einfach zu vorsichtig ist oder auch Angst vor Verletzung bzw. Enttäuschung hat, wenn es dann doch nicht so funktionieren würde und sie den anderen Beruf für die Spiritualität abgeschnitten / gekappt hätte. Also hält sie der Gedanke der Vorsicht fest.

Was sehe ich nicht? (Position 4 – Blumenstrauß)
Die Geschenke des Lebens/ die Schönheit, die einen umgibt/ das Glück/ Dankbarkeit zu empfinden.

Außerdem denke ich dabei noch an den bunten Strauß an Möglichkeiten/ Fähigkeiten. Andrea hat all die vielen Fähigkeiten, mit denen sie durchaus im Spirituellen loslegen kann, kann diese aber selbst noch nicht so wahrnehmen.

Gedanken und Gefühle zum Thema (Position 1 – Kind)
Neugierde auf neue Erfahrungen/ Unbekümmertheit im Umgang mit Menschen/ zu naiv allem Glauben schenken/ sich offen und neugierig zeigen/ etwas Neues ausprobieren.

Von den Gedanken her will Andrea schon das Neue wagen und/ oder auch unbekümmerter an die Sache herangehen. Ich denke, Gedanken und Gefühle sind offen, also bereit, auch Neues auszuprobieren.

Was brauche ich noch? (Position 2 – Sonne)
Mehr Energie und Ausdauer, um das Ziel zu erreichen/ eine optimistische Einstellung/ Ausstrahlung, die andere überzeugt/ Anziehungskraft haben/ dass das Projekt gelingt, alles gut wird/ mehr Lebensfreude entwickeln.

Ja, auf jeden Fall den Optimismus und das Positive darin zu sehen. Dass Andrea strahlen kann, selbst leuchten kann und auch von anderen gesehen wird. Denn wenn Kunden sie sehen, dann kann sie damit auch arbeiten und richtig loslegen. Also braucht sie mehr

Sichtbarkeit bzw. eben auch die Energie und die Ausdauer, um ihr gewünschtes Ziel zu erreichen.

Der nächste Schritt, dies tun/ Ratschlag (Position 3 – Mäuse)
Durch die Angst hindurchgehen/ trotz Zweifel etwas wagen/ den Kummer überwinden/ sich an den kleinen Dingen erfreuen/ es einfach halten/ mit seinen Ressourcen haushalten.

Ja, auch wieder ein deutlicher Hinweis. Es gibt noch Ängste, die Andrea hindern, sich voll und ganz zu entfalten und ins Strahlen zu kommen (Sonne ja daneben). Sie soll einfach ihre Zweifel und Ängste überwinden, denn das bremst sie nur aus und verzögert alles. Andererseits weiß ich aber auch um die positive Deutung der Karte, die man gerade beim Ratschlag ja interpretieren kann. Andrea hat also Zeit, kann es ruhiger angehen lassen, sich allmählich an die Sichtbarkeit gewöhnen und Neues ausprobieren. Bis dahin auch mit weniger zurechtkommen und sich auch an kleinen Fortschritten schon erfreuen.

Bilanz ziehen und Verantwortung übernehmen (Position 5 – Schiff)
Auf seinem ganz eigenen Weg sein/ sein Ziel nicht aus den Augen verlieren, auch wenn die Geduld strapaziert wird/ unternehmungslustig und zu jedem Abenteuer bereit sein/ Vertrauen und Hoffnung in sein Ziel setzen.

Sie soll sich ganz klar ein Ziel setzen. Was wünscht sie sich, wovon träumt sie, was will sie haben? Welches Ziel will sie erreichen? Und sich dann allmählich auf den Weg machen. Auch wieder ein Hinweis, es kann auch langsamer gehen. Hauptsache, das Schiff nimmt Fahrt auf und Andrea kommt in Bewegung und ist auch für dieses Abenteuer, mit der Spiritualität zu arbeiten, bereit.

Da wird von außen geholfen, unterstützt (Position 7 – Haus)
Menschen, die einem Geborgenheit geben/ ein Zuhause, das einem Schutz bietet/ stabiles Umfeld/ Stabilität und Struktur durch den häuslichen Rahmen/ Zeit mit der Familie verbringen.

Ja, das ist gut. Andrea bekommt von anderen Stabilität oder auch eine Basis, worauf sie dann langfristig bauen kann. Alles weiter auszubauen und sich dabei dennoch geschützt fühlen. Durch den Hund in der Mitte noch mal die Verstärkung, dass es ganz klar die Unterstützung der Familie im Privatleben gibt. Vielleicht auch noch mal ein

Hinweis auf unsere gemeinsame Partnerschaft, da ich Andrea ja angeboten habe, mit mir zusammen etwas aufzubauen bzw. weiter auszubauen, was ich schon habe und wobei ich ihre Unterstützung brauche und wir mit Struktur vorgehen können.

Die Erleichterung, das positive Resultat des Loslassens (Position 8 – Schlange)

Altes loslassen/ sich für Heilung öffnen/ auf Umwegen ans Ziel kommen/ Verwicklungen meistern/ sich von Neid und Missgunst befreien.

Die dritte Karte, welche das Langsame anzeigt. Andrea hat also wirklich Zeit auf ihrem Entwicklungsweg und kann ganz in Ruhe alles Neue ausprobieren, dabei aber auch ihre bereits vorhandenen Talente und Fähigkeiten einsetzen und mehr in die Sichtbarkeit kommen. Sich voll und ganz entfalten. Sich erst mal an den kleinen Fortschritten erfreuen und dann immer mehr ins Strahlen kommen und gesehen werden.

Fazit:

Im Grunde zwischen den Zeilen immer schon zusammengefasst geschrieben. Auf jeden Fall geht es beim Loslassen darum, nicht mehr so vorsichtig zu sein und sich dadurch selbst auszubremsen und von neuen Entwicklungen abzuschneiden. Sondern stattdessen diese Reise unternehmen, loslegen, wenngleich auch mit Geduld, und dass es langsam ins Fließen kommt. Wichtig ist dabei, sich Ziele zu setzen, wo man gern hinkommen möchte und diese dann entweder mit einer Frau zusammen als Unterstützung zu erreichen (kann ja auch die Kreuzdame auf der Schlange sein) oder eben auf Umwegen, also mit dem einen oder anderen Schlenker. Doch Fahrt sollte aufgenommen werden und mehr an der Sichtbarkeit gearbeitet werden, und dass Andrea durch Ängste und Zweifel durchgeht, aber auch dabei durchaus Hilfe bekommen kann. Denn der Hund liegt als Unterstützung ja zentral in der Mitte und betrifft somit auch all die anderen Karten drum herum. Sie wird ins Vertrauen kommen und durch die Schlange im Ergebnis auch eine gewisse Art von Heilung/ Transformation erleben können.

Feedback von Andrea

Danke für die Deutung und die wertvollen Hinweise, wo ich noch „Baustellen" habe. Ich finde mich in der Legung gut wieder und ich möchte den Mut, den sie mir macht, nutzen, um mir mehr zuzutrauen. Du hast vollkommen recht, dass ich wohl schon einiges von dir über das Deuten mit den Lenormandkarten gelernt habe. Und es ist gut, dass du mir Mut machst, mich mehr zu zeigen und zu „strahlen".

Es erschien mir immer so schwer, in deine Fußstapfen zu treten und ich habe dabei übersehen, dass ich meinen eigenen Ausdruck finden sollte. Danke für die wertvollen Hinweise, ich nehme es mir zu Herzen.

Beispiel 2: Loslassen (Arbeit im Verlagswesen)

Die Fragestellerin ist Angelina. Die Deutung von Andrea.

Angelina geht es um die aktuelle Arbeitssituation und die Frage, was sie noch loslassen muss, um weiter ihren beruflichen Werdegang zu unterstützen.

Die Karte X in der Mitte wurde verdeckt gezogen.

Thema, um das es dabei geht (Position X in der Mitte – Fabrik)
Firma, Geschäft, Arbeitsstelle. Gebäude, Besitz. Etwas investieren oder erschaffen/ herstellen. Etwas Größeres.

Und wieder zeigt sich, dass du mit deinem Unternehmen wachsen möchtest. Es hat ein gesundes Fundament, auf dem du aufbauen kannst. Viel Zeit und Herzblut hast du bereits investiert und Neues erschaffen und viel Einsatz gezeigt. Auch andere im Kartenlegen auszubilden, zeigt diese Karte, die Initialzündung deiner Selbstständigkeit.

Was schon da ist, woran ich festhalte oder was mich festhält (Position 6 – Mond)
Feingefühl/ Sensibilität/ Sentimentalität/ mediale Fähigkeiten/ Intuition/ Erfolg/ Anerkennung/ Gefühle/ Träume.

Dein Erfolg und deine damit einhergehende Anerkennung in deiner Tätigkeit gibt dir recht. Du hast das nötige Feingefühl bewiesen, deine Kunden mit deinen Produkten anzusprechen. Und genau so möchtest du auch weitermachen und dein erfolgreiches Unternehmen voranbringen. Vielleicht solltest du dir Erholungs- oder Schaffenspausen gönnen.

Was sehe ich nicht? (Position 4 – Wege)
Dass es immer eine Lösung gibt/ es auch noch Alternativen gibt, an die man nicht gedacht hat/ es wichtig ist, für sich selbst die richtige Entscheidung herauszufinden/ dass man seinen eigenen Weg finden muss.

Dass es auch noch Alternativen gibt, an die du nicht gedacht hast. Es gibt immer eine Lösung, deinen eigenen Weg im beruflichen Bereich weiterzugehen. Die richtigen Entscheidungen werden dich dahin führen, wo du mit deinem Unternehmen hin möchtest.

Gedanken und Gefühle zum Thema (Position 1 – Reiter)
Aktiv und spontan sein/ Chancen erkennen/ Angebote nutzen/ Treffen vereinbaren und sich austauschen/ sein Ziel vor Augen haben/ wissen, was man will/ mutig loslegen.

Du bist aktiv und nutzt deine Chancen. Dein Ziel hast du klar vor Augen und du weißt genau, was du willst. Du vereinbarst ein Treffen, um dich mit jemandem auszutauschen und Möglichkeiten auszuloten.

Was brauche ich noch? (Position 2 – Dame)
Geduld, um abwarten zu können/ Passivität/ etwas annehmen können/ eine positive Einstellung entwickeln/ Schwächeren helfend zur Seite stehen/ Hilfsbedürftige beschützen.

Geduld ist jetzt gefragt und abwarten können. Du entwickelst eine positive Einstellung und bist auch bereit, Unterstützung anzunehmen, um deine Projekte voranzubringen.

Der nächste Schritt, dies tun/ Ratschlag (Position 3 – Sarg)
Endlich den Mut fassen, etwas zu beenden, was schon lange nicht mehr in Ordnung ist/ wie Phönix aus der Asche steigen/ die Ruhepausen zur Transformation der Persönlichkeit nutzen/ sich neu erfinden und aus der verfahrenen Situation lernen und sich befreien.

Du bist dabei, dich neu zu erfinden, wohl möglich, die Schwerpunkte deiner Arbeit zu überdenken. Beende etwas, das schon lange nicht mehr in Ordnung ist und lerne aus der vergangenen Situation. So kannst du neue Weichen setzen und dich frei machen für deine kreativen Ideen.

Bilanz ziehen und Verantwortung übernehmen (Position 5 – Lilie)
Harmonie schaffen, indem man Dankbarkeit zeigt/ Frieden schaffen/ sich Ruhe gönnen und ins Gleichgewicht kommen/ Gelassenheit entwickeln/ seinen Anteil am Unfrieden erkennen und beseitigen.

Gönne dir die für dich notwendige Ruhe, um in dein Gleichgewicht zu kommen. In der Ruhe liegt die Kraft und die Gelassenheit. Dabei kannst du Dankbarkeit für das Erreichte empfinden und Frieden im Innen und Außen schaffen, sodass du mit deiner Arbeit zufrieden bist und eine angenehme Arbeitsatmosphäre herrscht.

Da wird von außen geholfen, unterstützt (Position 7 – Bär)
Andere unterstützen einen in der Situation/ eine Autoritätsperson spricht ein Machtwort/ andere geben einem Kraft und Mut/ einer vom Fach sorgt für Aufklärung.

Andere können dich in deiner beruflichen Situation unterstützen. Weitere Personen vom Fach mit Erfahrung geben dir die Möglichkeit, deine Kräfte sinnvoll einzusetzen.

Die Erleichterung, das positive Resultat des Loslassens (Position 8 – Ringe)
Das Miteinander mit Leben füllen/ Zweisamkeit genießen/ Begegnungen, die positiv verlaufen/ Zusammenhänge, die einem klar werden/ die Vollkommenheit der Situation anerkennen.

Es gibt Begegnungen, die positiv verlaufen. Mehr und mehr werden dir Zusammenhänge klar bezüglich deiner Arbeitsbelastung, und du bist bereit, ein Miteinander in der Zusammenarbeit mit Leben zu füllen und es auch zu genießen. Alles fügt sich und geschieht so, wie es für dich und deine Arbeit richtig ist.

Fazit:
Dein Erfolgsrezept, dich in die Bedürfnisse deiner Kunden einzufühlen und immer neue kreative Ideen zu entwickeln, sichert dir die Grundlage deiner Arbeit. Du bist eine Autorität auf dem Gebiet des Kartenlegens (Mond/ Bär) und weißt dies auch in Szene zu setzen. Deine Suche nach Lösungen bringt Entscheidungen mit sich, die es dir ermöglichen, das umzusetzen, was du deinen Kunden an Angeboten neuer Produkte entwickeln möchtest (Wege/ Reiter). Dass du dich in deiner ganzen Kreativität zeigen kannst und du zügig vorankommst (Reiter/ Dame). Ruhepausen werden diese Arbeitsatmosphäre unterstützen und Harmonie und Zufriedenheit bringen (Sarg/ Lilien). Du hast Partner, die dir zuarbeiten und deine Ideen umsetzen, sodass deine Vorhaben realisiert werden können (Bär/ Ringe). Mit der entsprechenden Unterstützung wird dein Ziel, anderen die Welt des Kartenlegens nahe zu bringen, weiter wachsen, so wie es dir die Fabrik in der Mitte auch anzeigt.

Feedback von Angelina

Hallo Andrea, deine Deutung finde ich sehr passend und sie bestätigt mir mein Bauchgefühl, dich als Partnerin an Bord zu holen, damit ich beim Erschaffen neuer Werke Unterstützung habe und auch mal Zeit für eine Pause finde. Das war schon mal eine gute Entscheidung.

Denn es ist immer sehr viel zu tun, sodass ich manchmal nicht weiß, was ich zuerst erledigen soll. Da heißt es, wirklich Entscheidungen zu treffen, was jetzt wichtig ist zum Geldverdienen und auch wichtig ist, weil es mich erfreut und meine Herzensaufgabe ist.

Ich bin immer sehr aktiv und suche ständig nach Lösungen, das Ganze weiter auszubauen, damit Kunden viele Deutungshilfen erhalten, die Freude am Kartenlegen haben und auch immer tiefer eintauchen wollen, weil es so viel an wertvollen Impulsen gibt und das alles einfach schön ist.

Ich stärke gern andere beim Deuten und möchte da jetzt definitiv mehr Unterstützung durch andere Fachpersonen, die genauso denken und fühlen wie ich und gern bei der Sache dabei sein wollen.

So wird es bestimmt noch mehr Entscheidungen dahin gehend geben, wie ich was aufbauen kann, andere Dinge loslassen und Pausen einlegen, weil ich delegieren kann oder in vertrauensvolle Hände abgeben.

Danke auch für die Inspiration, dieses wundervolle Buch zusammen zu schreiben, da es wieder mal sehr schön zeigt, wie toll man mit den Karten in die Tiefe gehen und AHA-Momente erleben kann.

Beispiel 3: Loslassen (Migräne)

Die Fragestellerin ist Sabine. Die Deutung kommt von Angelina.

Sabine leidet unter fast chronischer Migräne, bisher noch ohne Besserung. Die Medikamentenanzahl pro Monat liegt bei ca. 20-25 Zäpfchen und es sind ca. 2-3 Anfälle pro Woche.

Die Karte X in der Mitte wurde verdeckt gezogen.

Thema, um das es dabei geht (Position X in der Mitte – Schiff)
Urlaub, Reise, Ziele, Wünsche, Träume, Visionen, Geduld, es fließen lassen, abwarten können, passiv sein, die Dinge auf sich zukommen lassen.

Ich denke, es geht darum, dass die Migräne für Ruhephasen sorgt, wo man einfach mal passiv ist und nichts tut. Aus eigener Erfahrung weiß ich leider, dass man diese Ruhe dann nur nicht genießen kann, weil man unter Schmerzen leidet. Daher würde ich den Hinweis mit dem Schiff so deuten, dass, wenn Sabine es schafft, selbst immer mal wieder für Ruhepausen zu sorgen und einfach mal die Füße hochlegt (wenn sie gesund ist) und die Passivität genießt, die Migräne dann seltener kommt, weil sie selbst dann auf sich achtet und diese Zwangspause durch die Migräne dann nicht braucht. Vielleicht auch lernen, mal Nein zu sagen. Zu sich selbst, wenn man zu viel machen will oder auch zu anderen und sich nötige Ausruhzeiten einfach gönnen. Vielleicht macht sich Sabine auch zu viel Kopfzerbrechen (daher kommt ja mit der Ursprung der Migräne) und sie sollte mal in guten Stunden/ Tagen über ihre Wünsche und Ziele nachdenken. Was möchte sie eigentlich tun oder auch nicht tun? Wo soll ihre Reise hingehen? Wo ist sie noch nicht im Fluss und kommt hier buchstäblich ins Stocken und in den Schmerz? Wo kann sie Ballast über Bord werfen und die Segel neu setzen und ihr Leben zu besseren Zielen hinsteuern?

Was schon da ist, woran ich festhalte oder was mich festhält (Position 6 – Engelsflügel)
An etwas festhalten/ man wird von den Engeln geführt/ man erhält Schutz von der geistigen Welt/ etwas Wertvolles ist in seinem Leben.

Sabine hält wirklich etwas fest, das sie selbst möglicherweise als wertvoll betrachtet oder sie denkt, dass dort ihr Weg, ihre Reise ist. Doch könnten die Engel durchaus andere Pläne haben und ihr neue Wege zeigen, wo es sich lohnt, diese zu gehen, wenn sie ins Vertrauen kommt und sich in Ruhephasen (durch das Schiff) mal darauf konzentriert, was sie wirklich will. Wo ihre Reise hingehen soll und sich dann vertrauensvoll auch durch Botschaften (Hinweise, die auf einen zukommen) von der geistigen Welt dahin leiten lassen.

Was sehe ich nicht? (Position 4 – Wolken)
Dass der Nebel sich wieder lichten wird/ die Unsicherheit vergeht/ das innere Licht Orientierung bietet/ das Licht am Ende des Tunnels/ Möglichkeiten erkennen, wo andere vielleicht welche sehen können.

Im Zusammenhang mit den Engelsflügeln würde ich wirklich sagen, dass die geistige Welt einen Weg für Sabine sieht, den sie selbst noch nicht erkennen kann. Dass sie da noch unsicher ist, im Nebel tappt und noch zu wenig oder schwankendes Vertrauen in ihre Lebensreise hat. Wo ihr eigentliches Ziel liegt, weiß sie vielleicht noch nicht, daher ist es wichtig, sich in Ruhephasen mal bewusst hinzusetzen und fließen zu lassen, was als Impuls oder Gedanke von der geistigen Welt kommt oder auch in ihr selbst entsteht. Und es eher locker und leicht nehmen (positive Seite der Wolken), also ganz entspannt, anstatt sich auf die Unsicherheit zu konzentrieren und durch das Kopfzerbrechen dann in die Migräne zu kommen.

Gedanken und Gefühle zum Thema (Position 1 – Herr)
Wille/ Ehrgeiz/ Mut und Durchsetzungskraft nutzen/ Dominanz zeigen.

Sie will eigentlich etwas tun und mutig sein. Aktiver Typ, der hier dann durch die Migräne zu Zwangspausen gezwungen wird, damit auch mal die andere Seite der Passivität Platz bekommt.

Was brauche ich noch? (Position 2 – Kind)
Mehr Urvertrauen/ sich unbekümmert an Neues heranzuwagen/ Zuwendung für sein inneres Kind/ Begeisterung für den Neubeginn/ sich Zeit zu nehmen für die kleinen Schritte.

Auch hier wieder der Hinweis, sich Zeit zu nehmen. Neues darf jetzt kommen und man geht in kleinen Schritten auf seiner Lebensreise weiter. Neue Ziele ansteuern und mutig vorwärtsgehen, erste kleine Schritte wagen.

Der nächste Schritt, dies tun/ Ratschlag (Position 3 – Fabrik)
Sich eine Struktur schaffen und besser planen/ alle Ressourcen einsetzen, um etwas zu erschaffen/ Zusammenarbeit nutzen und Zeit, Geld und Herzblut investieren.

Sich hinsetzen und genau planen, wie es weitergehen soll. Also sich schon wieder über Ziele Gedanken machen und dabei aber bestimmt auch auf das ganze System zu achten. Die Fabrik ist ein funktionierendes System. Bei Themen der Gesundheit betrifft es den Körper, die Seele und den Geist als Einheit. Alles sollte sich wohlfühlen. Irgendwo scheint es eben noch unklar schwankend zu sein, dass es Zeit wird, Neues auszuprobieren, damit die Krankheit einen nicht ständig in den Rückzug vom Alltag schickt. Eigentlich würde man ja arbeiten oder halt etwas machen, wo aber die Migräne die Botschaft schickt, stopp, lass das mal, das tut dir nicht gut. Achte mehr auf dich und darauf, was bei dir ins Fließen kommen soll, wo du wirklich hinwillst, dann muss ich als Migräne dich nicht ständig da rausholen und dich leiden lassen, damit du mal ins Umdenken kommst und deine Zeit, Gefühle und ggf. auch dein Geld in andere Sachen investierst.

Bilanz ziehen und Verantwortung übernehmen (Position 5 – Berg)
Man muss sich anstrengen und sein Ziel verfolgen/ Ausdauer und Mut beweisen/ Hindernisse aus dem Weg räumen/ sich einen Überblick über die Situation verschaffen/ trotz Widerstand am Ball bleiben/ für etwas kämpfen, woran man glaubt.

Sabine soll sich einen Überblick verschaffen, also eine Zielplanung machen. Die Struktur und das große Ganze als Vision sehen und dann die Herausforderung anpacken und sich auf den neuen Weg begeben und ggf. darum kämpfen, wenn sie daran glaubt, dass dies ihr lohnendes Ziel ist. Auch über den Tellerrand hinausschauen. Ein Berg ist etwas Großes, die Fabrik auch, also größer denken oder weiter denken, sprich langfristig, was das Schiff als längere Reise auch noch mal bestätigt. Das Kind sagt dann nur, sie hat Zeit und kann in Ruhe Schritt für Schritt dann vorwärtsgehen und diese Reise langfristig machen und es ins Fließen bringen.

Da wird von außen geholfen, unterstützt (Position 7 – Lilie)
Eine harmonische Atmosphäre/ Partnerschaft und Beziehungen, die im Gleichgewicht sind/ Ruhe und Entspannung im Umfeld/ Menschen um einen herum, die zufrieden sind/ Situationen, die Frieden schaffen.

Der Partner sorgt für das innere Gleichgewicht oder zeigt vielleicht auch als Vorbild, wie Sabine mit sich im Frieden und einfach mit ihrem Leben zufrieden sein kann. Sich auch Ruhephasen der Entspannung gönnen. Durchaus auch zusammen die Entspannung genießen, sich vielleicht mal vom Partner verwöhnen lassen, massieren oder einfach intime Stunden zusammen genießen. Ich denke, das Privatleben ist hier der Ausgleich, die Unterstützung.

Die Erleichterung, das positive Resultat des Loslassens (Position 8 – Park)
Wieder durchatmen können/ nicht mehr von Termin zu Termin hetzen müssen/ Gelassenheit entwickeln/ nicht nur nach außen orientiert sein/ sich eine Auszeit vom Trubel nehmen.

Ja, was soll ich sagen, noch mal der Hinweis, mach mal ruhiger. Hetze nicht von einem Termin zum nächsten. Mach nicht ständig was für andere oder Dinge, die du eigentlich gar nicht machen willst, weil sie nur Ballast sind und mal über Bord geworfen werden sollten, damit Sabine für sich die Segel zu neuen Ufern setzen kann und sich dabei genügend Zeit nimmt, alles mit Ruhe und Entspannung angehen zu lassen, zwischendurch auch einfach mal passiv sein und den Dingen ihren Lauf lassen.

Fazit:
Nehme ich den Bezug zur Migräne, dann zwingt die Migräne zu Ruhephasen, weil man im Alltag sonst zu aktiv ist oder an Dingen festhält, die einem eigentlich nicht guttun und nur blockieren oder vom eigentlichen Ziel abhalten. Sich jetzt mal ganz bewusst Zeit nehmen und in Ruhe darüber nachdenken, wo möchte ich persönlich hin? Wo liegt mein Traum, meine Vision, mein Ziel? Dann ins Vertrauen gehen, den Wunsch an die geistige Welt abgeben und sich durch Hinweise führen lassen. Kleine Botschaften/ Hinweise werden auf einen zukommen, sodass man in kleinen Schritten dann vorwärtskommt.

Dabei aber immer das große Ziel, die große Vision im Auge behalten und an sich selbst glauben. Der Partner (intime Stunden) sorgt für den Ausgleich, das innere Gleichgewicht. Auch könnte eine Meditation helfen, tiefer in sich hineinzublicken, was man wirklich will. Andere könnten durchaus schon wissen oder sehen, wo man seinen Weg gehen soll, nur Sabine selbst kann es noch nicht erkennen. Da kommt die Unsicherheit, Unzufriedenheit und Schwankung und bringt Kopfzerbrechen mit Migräne. Sabine sollte es leichter nehmen, den Druck mit Terminen rausnehmen, und auch wenn es ihr gut geht (gerade dann) mal an sich selbst denken und die Zeit genießen und sich durchaus in der Meditation mit der geistigen Welt verbinden und beim Aufbau ihrer Vision, ihres Traumes helfen lassen und zu mehr Klarheit kommen, wohin ihre Reise nun tatsächlich gehen soll. Dann kann der störende Ballast abgeworfen werden und die Segel neu gesetzt und die Migräne kann verschwinden, weil glückliche Menschen selten krank sind. Zwischendurch von sich aus auf nötige Pausen achten, damit die Migräne einen nicht zur Pause vom Alltag zwingen muss.

Ja, nun habe ich den Rat so aufgeschrieben und mir sicherlich auch ein Stück weit die Antwort zu meinen eigenen Kopfschmerzen gegeben. Ich habe zwar nur sehr selten eine Migräne, aber ich kenne es nur zu gut, wie man darunter leidet. Kopfschmerzen kommen bei zu viel Kopfzerbrechen oder Stress, wenn man wieder mal zu viel machen will und eigentlich eine Pause bräuchte ☺.

Feedback von Sabine

Liebe Angelina, erst einmal ein von Herzen kommendes Dankeschön, dass ihr meine Fragen und Legungen für das neue Buch ausgewählt habt. Das hat mich sehr berührt.

Ebenfalls berührt hat mich deine Antwort auf meine Legung.

Es ist, wie du es schreibst, eigentlich ganz einfach, wenn man es mal so klar gesagt bekommt.

Ziele setzen, Zeit nehmen, Visionen haben. Gerade das fehlt mir schon lange. Klar, ich bin ganz gut in meiner Arbeit, führe eine harmonische und liebevolle Beziehung mit Höhen und Tiefen, bin immer für mein „Kind" (22 Jahre) da. Gerade er fordert mich sehr. Von Drogen, Therapie, obdachlos – bis Haft. Natürlich stehe ich das mit durch.

Auch meine Eltern kommen nicht zu kurz, Schwiegereltern bis in den Tod gut begleitet, Sportverein – da übernehme ich das Kochen im Trainingslager.

Alles in allem, ein solides Leben. Und ich? Ich nehme mir ja genug Auszeiten in meiner Migräne-Zeit!!!

Du siehst, ich brauchte ganz dringend mal eine klare Ansage. Natürlich gibt es diese auch vom Arzt. Ich nehme mir in den nächsten Tagen eine mindestens dreiwöchige Krank-Auszeit und therapiere genau das. Kümmere mich nur um mich. Es soll der Anfang einer leichteren Zeit sein. Loslassen ist angesagt!!!

Danke, dass es dich gibt, Angelina!

Beispiel 4: Loslassen (Kind in Kindergarten)

Die Fragestellerin ist Anja. Die Deutung von Andrea.

Anja möchte gerne wissen, warum es ihr so schwerfällt, ihren 5-jährigen Sohn loszulassen. Er geht ab Herbst in den Kindergarten und sie hat ein beängstigendes Gefühl.

Die Karte X in der Mitte wurde verdeckt gezogen.

Thema, um das es dabei geht (Position X in der Mitte – Kind)
Kleinkind bis zum Alter von 6 Jahren, also dein Sohn. Sonst auch für Neuanfang, etwas beginnt.

Es geht um einen neuen Lebensabschnitt im Leben deines Kindes und die Abnabelung von der Mutter. Für dich und deinen Sohn ein Neubeginn.

Was schon da ist, woran ich festhalte oder was mich festhält (Position 6 – Dame)
Abwarten, passiv sein/ von anderen etwas bekommen/ geduldig sein und warten können/ jemanden umsorgen/ jemanden beschützen/ zwischen Streitenden vermitteln.

Bis jetzt hast du deinen Sohn umsorgt und beschützt und warst immer zur Stelle, um einen Streit oder Konflikt zu schlichten. Es ist eine starke und innige Bindung zwischen euch da.

Was sehe ich nicht? (Position 4 – Mäuse)
Dass die Sorgen einen zermürben/ der Kummer einen krank macht/ der Zweifel sein Selbstbewusstsein untergräbt/ die Angst einen gefangen hält/ Unzufriedenheit kein guter Ratgeber ist.

Hier zeigt sich, wie viele Sorgen du dir machst und wie viel Kummer es dir bereitet, deinen Sohn loszulassen. Darum solltest du nicht daran festhalten, da dein Sohn das spürt und dies sein Selbstbewusstsein untergräbt.

Gedanken und Gefühle zum Thema (Position 1 – Schlange)
Komplikationen/ indirekt ans Ziel kommen/ mit Verzögerungen rechnen müssen/ Umwege in Kauf nehmen/ Neid und Missgunst/ jemandem etwas nicht gönnen.

In deinen Gedanken siehst du Schwierigkeiten und Komplikationen, die im Kindergartenalltag geschehen könnten und das hat unmittelbaren Einfluss auf deine Gefühle, die dementsprechend beängstigend sind. Wie kann es auch sonst sein, denn Gedanken erschaffen die dazugehörigen Gefühle.

Was brauche ich noch? (Position 2 – Anker)
Arbeit, die zu einem passt/ Beharrlichkeit/ Engagement, um sein Ziel oder seine Ausbildung zu absolvieren.

Es ist wichtig, an deinen Befürchtungen zu arbeiten und ihnen nicht so viel Raum zu geben. Mit Beharrlichkeit und Disziplin kannst du dich selbst ermahnen, wenn du dir gedanklich wieder vorstellst, was alles in deiner Abwesenheit mit deinem Sohn passieren könnte.

Der nächste Schritt, dies tun/ Ratschlag (Position 3 – Berg)
Aus der Isolation herausgehen/ selbstständig werden/ mehr Ehrgeiz entwickeln/ mehr an sich selbst denken/ für sich selbst einstehen/ für sich selbst sorgen.

Nimm es sportlich und sieh es als Herausforderung, die es zu bewältigen gilt. Das Leben geht weiter und wird dir noch mehr Gelegenheiten bieten, deinen Sohn in die Selbstständigkeit zu entlassen. Auch wenn du dir wünscht, ihm alle Hindernisse aus dem Weg räumen zu können, ist es eine gute Möglichkeit für deinen Sohn, neue Erfahrungen zu sammeln und sich zu entwickeln. Die Gelegenheit ist günstig, auch mal wieder mehr an dich selbst zu denken und die freie Zeit zu nutzen.

Bilanz ziehen und Verantwortung übernehmen (Position 5 – Blumenstrauß)
Die Fülle und Kreativität im Leben wahrnehmen/ sich über das Leben freuen/ sich mehr und mehr selbst zu verwirklichen/ zu erblühen/ seine Situation verbessern/ seine Talente einsetzen.

Wenn du genau darüber nachdenkst, dann wird dir klar, dass es wichtig für deinen Sohn ist, kreativ und unbefangen in die neue Lebensphase zu gehen. Sich selbst auszuprobieren und im Kontakt mit anderen Kindern ohne Mama auch Freude und Spaß erleben. Wenn du ihm das Gefühl gibst, dass das Leben schön ist und der Kindergarten ein neues Abenteuer, das auf ihn wartet, dann wird er sich besser von dir abnabeln können.

Da wird von außen geholfen, unterstützt (Position 7 – Sarg)
Etwas hat sich totgelaufen bzw. verbraucht/ alte Mechanismen funktionieren nicht mehr/ das, was man nicht mehr will, zeigt einem auch, was man jetzt braucht.

Lass den vergangenen Lebensabschnitt der Symbiose mit deinem Sohn gehen und nimm dir bis zum Herbst die Ruhe, die Zweisamkeit noch mal richtig zu genießen, um dann mit ihm den neuen Lebensabschnitt zu begrüßen. Lass das Alte los und beobachte deinen Sohn dabei, wie er von einem Kleinkind zu einem Kindergartenkind transformiert, wie die Raupe zum Schmetterling.

Die Erleichterung, das positive Resultat des Loslassens (Position 8 – Herz)
Heilung geschieht/ man empfindet Dankbarkeit/ Vergebung heilt die Wunden der Vergangenheit/ eine Einigung wird möglich/ erlangtes Verständnis baut eine Brücke zum anderen/ Mitgefühl kann ausgedrückt werden/ die emotionale Intelligenz zeigt einem den Weg/ man lässt das Herz sprechen/ man erfüllt sich einen Herzenswunsch.

Ja, lass dein Herz sprechen, denn im Grunde genommen möchtest du nur das Beste für deinen Sohn. Sei dankbar für die Zeit, die ihr verbracht habt, und freue dich von Herzen für ihn über das neue Abenteuer „Kindergarten“. Es wird immer wieder in seinem Leben Situationen geben, wo du ihn loslassen musst und darauf vertrauen solltest, dass er die Herausforderungen alle meistert.

Fazit:
Alles weist darauf hin, dass es sich um einen ganz normalen Abnabelungsprozess handelt, der zum Leben mit Kindern dazugehört (Kind/ Sarg). Dein Kummer und die Befürchtungen und die damit einhergehenden vergifteten Gedanken (Dame/ Mäuse/ Schlange) werden vergehen, wenn du die Herausforderung annimmst und daran arbeitest, dir mehr und mehr die Vorteile vor Augen zu führen, die mit dieser Veränderung einhergehen (Anker/ Berg, darunter Kind). Lass in Zukunft die Freude und Dankbarkeit darüber überwiegen, wie sich dein Sohn entwickelt (Blumenstrauß/ Sarg) und vertraue ihm und dem Leben, dass alles gut wird (Blumenstrauß/ Herz). Auch für dich beginnt eine neue Zeit mit mehr Freiraum, das ist doch schön!

Feedback von Anja

Zur Legung des Loslassens muss ich dir zu 100 % recht geben. Es fällt mir sehr schwer, die Kontrolle über meinen Sohn abzugeben. Ich habe ein großes Problem damit, zu wissen, dass vielleicht während meiner Abwesenheit Dinge passieren, vor denen ich ihn sonst schützen könnte.
Deine Legung hat mir hier besonders gut geholfen, um hier mein Verhalten auch zu reflektieren, aber auch, um mir noch mehr bewusst zu werden, dass ich daran etwas ändern muss. Mit dieser Legung hast du vollkommen recht, und es ist zu 100 % stimmig.

Liebe Grüße
Anja

Beispiel 5: Loslassen (Ins Ausland gehen)

Die Fragestellerin ist Rita. Die Deutung kommt von Angelina.

Rita möchte gern im Ausland leben (Südamerika) und dort etwas aufbauen und anderen helfen. Weit weg zu gehen, war schon immer ein Wunsch von ihr und jetzt bietet sich die Gelegenheit dazu. Ein Zimmer möchte sie jedoch im deutschsprachigen Raum behalten, da auch ihre Familie hier lebt. Mindestens die Hälfte des Jahres soll sie aber im Ausland sein.

Die Karte X in der Mitte wurde verdeckt gezogen.

Thema, um das es dabei geht (Position X in der Mitte – Kreuz)
Etwas Wichtiges, Schicksal, Karma. Prüfung, Probe, Lernaufgabe.

Jetzt ist eine wichtige Zeit/ Phase, die sich bietet. Und es scheint wirklich schicksalhaft zu sein, jetzt dem Wunsch nachzugeben und loszulassen und ins Ausland zu gehen.

Was schon da ist, woran ich festhalte oder was mich festhält (Position 6 – Wolken)
Die Orientierung im Leben verloren zu haben/ man lässt sich verunsichern/ man hat kein Ziel, worauf man zusteuern kann/ alles zu locker nehmen und leichtsinnig sein.

Hier hält einen wohl noch der Gedanke fest, dass man leichtsinnig ist, wenn man loslassen würde. Es zu locker betrachtet und möglicherweise dann auch die Orientierung im Leben verlieren könnte.

Was sehe ich nicht? (Position 4 – Buch)
Dass der andere die Hintergründe nicht kennt/ unser Wissen kostbar ist und geteilt werden sollte/ Erfahrungen nicht umsonst sind/ die Dinge zu hinterfragen, um zu einem Ergebnis zu kommen.

Es ist wichtig, das Wissen zu teilen, die Erfahrungen, die man gemacht hat, sind lehrreich gewesen und man sollte sich mit den Wolken dran einfach nicht verunsichern lassen, wenn andere etwas dazu sagen, ohne die Hintergründe, sprich Beweggründe, zu kennen. Für mich bedeutet das Buch auch, ein Kapitel abzuschließen, wenn man genug gelernt und erfahren hat und dann neues Wissen aneignen oder neue Kapitel öffnen, dazu bereit sein.

Gedanken und Gefühle zum Thema (Position 1 – Park)
Für andere da sein wollen/ man wird von anderen beachtet/ man steht in der Öffentlichkeit/ im Mittelpunkt stehen/ etwas in der Öffentlichkeit erreichen/ tolerant sein.

Neben dem Buch geht es gedanklich und von den Gefühlen her definitiv in die unbekannte Umgebung. Oder eben auch die bisherige als Kapitel zu beenden und in die große weite Welt hinausziehen (was mir die Fabrik daneben auch schon anzeigt).

Was brauche ich noch? (Position 2 – Fabrik)
Den Überblick bewahren/ selbstständig mit der Situation umgehen/ einen Plan, an den man sich halten kann/ Ausdauer für die Situation oder das Projekt zeigen.

Jetzt den Plan schmieden, das große Ganze sehen, die Vielfältigkeit, die großen Möglichkeiten, die man dort hat. Mit Ausdauer und Einsatz jetzt tatsächlich diesen wichtigen Schritt gehen.

Der nächste Schritt, dies tun/ Ratschlag (Position 3 – Sarg)
Endlich den Mut fassen, etwas zu beenden, was schon lange nicht mehr in Ordnung ist/ wie Phönix aus der Asche steigen/ die Ruhepause zur Transformation der Persönlichkeit nutzen/ sich neu erfinden und aus der verfahrenen Situation lernen und sich befreien.

Den Absprung wagen, die Umgebung und auch das bekannte Familiensystem verlassen, es zumindest ruhen lassen und der Mut zur neuen großen Möglichkeit und den Plan auch umzusetzen. Sich aus den Situationen und Komplexen zurückziehen und es beenden, damit Pläne auch umgesetzt werden können.

Bilanz ziehen und Verantwortung übernehmen (Position 5 – Dame)
Zu erkennen, nichts tun zu müssen und alles auf sich zukommen zu lassen/ etwas annehmen können, ohne sich schlecht dabei zu fühlen/ sich selbst und andere nähren und schützen.

Die Wichtigkeit und hier bestimmt auch den Wunsch anzunehmen, dass es gut und richtig und eben wichtig für einen ist, jetzt loszulassen, ins Ausland zu gehen. Dabei auf sich selbst zu hören und dies mit gutem Gewissen und voller Überzeugung tun.

Da wird von außen geholfen, unterstützt (Position 7 – Herr)
Ziele, die einem lohnenswert erscheinen/ Aktivitäten, die einem Spaß machen/ Gelegenheiten, die einen zum Handeln auffordern/ Möglichkeiten, seinen Willen durchzusetzen.

Von außen kommen Möglichkeiten auf einen zu. Die Chance, dann zuzupacken und loszulegen. Gelegenheit, um wirklich ins Handeln zu kommen und Rita kann ihren Willen dabei durchsetzen, es für sich tun, weil es sich einfach lohnen wird und das Richtige ist.

Die Erleichterung, das positive Resultat des Loslassens (Position 8 – Brief)
Worte nicht auf die Goldwaage legen/ entspannt auf Antwort warten/ vor der Informationsflut nicht resignieren/ Nachrichten filtern, nicht alles ist für einen wichtig/ Kontakte nicht erzwingen, sondern geschehen lassen/ eine Anziehungskraft der Ruhe ausstrahlen.

Kontakte, Neuigkeiten, Nachrichten, schriftliche Dokumente, um den Abschied vorzubereiten, aber trotzdem mit der Familie in Kontakt bleiben zu können. Kommunizieren, was man nun vorhat und dabei auch Kontakte nutzen, die als Unterstützung bestimmt auch auf einen zukommen.

Fazit:
Ich denke, Rita weiß tief in sich drinnen, dass es der richtige Schritt ist und sie diesen nun auch gehen will. Das jetzt ein wichtiger Zeitpunkt ist und das Schicksal ihr die Möglichkeiten schickt, um in die unbekannte Umgebung zu gehen oder eben im Ausland große Möglichkeiten hat, ihr Wissen einzusetzen und ihre Pläne umzusetzen.

Feedback von Rita

Hallo Angelina, vielen Dank für diese klaren Worte!
Genauso fühle ich es: In mir gibt es gar keine andere Wahl oder Alternative, als zu gehen und Teil eines ganz besonderen Projektes zu werden.

Es ist eine große Herausforderung, vor allem, weil ich gleichzeitig auch anderen bei diesem wichtigen Schritt Unterstützung gebe und ich meine Zeit jetzt sehr gut einteilen muss. Mir immer wieder Zeit für mich zu nehmen und zu erkennen, was wirklich wichtig ist für mich, gehört derzeit zu meinen größten Aufgaben. Die Wolken bringen das gut zum Ausdruck: In der Vielfalt meiner Möglichkeiten habe ich tatsächlich oft die Orientierung verloren und mich verzettelt!

Dabei darf ich jetzt auch Kapitel meines Lebens abschließen und mich völlig unbedarft auf neue Lebensthemen einlassen – ein wahrlich sehr herausfordernder Prozess für mich!

In der Tat werde ich dort, wo ich hingehe, viel für andere da sein und Orientierung geben dürfen. Das macht mir große Freude und ich mache das auch gerne im öffentlichen Rahmen.

Das Wissen, hier wegzugehen, hilft mir enorm beim Loslassen von unterschiedlichstem Ballast, den ich seit Jahren mit mir herumschleppe (trotz mehrmaligen Übersiedlungen).

Ich lasse das Ganze ziemlich auf mich zukommen. Vermutlich wäre es aber gut, einen Plan zu entwickeln, was ich wirklich dort gerne machen möchte, wie ich mein Grundstück gestalten werde, wie ich wohnen und was ich am liebsten tun will. Wenn ich kein Ziel vorgebe, können sich auch keine Wege entwickeln! Ich freue mich darauf, mich selbst neu zu erfinden !

In diesem Sinne vielen Dank für die sehr stimmige Legung!

Mit lieben Grüßen, Rita

Beispiel 6: Loslassen (Angst vor Hunden)

Der Fragesteller ist Karl. Die Deutung von Andrea.

Karl ist Rentner und möchte seine Angst vor Hunden (ab mittlerer Größe) loslassen. Während seines ganzen Lebens hatte er nie bewusst Erlebnisse, welche die Ursache dieses unangenehmen Gefühls dafür sein könnten. Vielleicht geht es auf frühere Inkarnationen zurück? Was soll er loslassen? Gerne möchte er das wissen und ist gespannt, was die Karten dazu antworten und welche Aufgabe sie ihm mitteilen.

Die Karte X in der Mitte wurde verdeckt gezogen.

Thema, um das es dabei geht (Position X in der Mitte – Schlange)
Komplikationen, Verwicklungen. Nur auf Umwegen mit Schlenkern ans Ziel kommen bzw. mit Verzögerung. Auch Vorsicht, Gefahr, giftige Gedanken, giftiges Umfeld, Neid.

Es geht um Komplikationen bezüglich der unerklärlichen Angst vor größeren Hunden, die du dir nicht erklären kannst.

Was schon da ist, woran ich festhalte oder was mich festhält (Position 6 – Wege)
Es gibt mehrere Möglichkeiten/ Entscheidungen fallen einem schwer/ sich nicht von etwas trennen wollen/ man sieht keine Alternative.

Diese Problematik beschäftigt dich schon sehr und du entscheidest für dich, dass du eine Alternative zu dieser Angst finden möchtest. Die Ursache dafür kann mehrere Gründe haben.

Was sehe ich nicht? (Position 4 – Turm)
Es auch alleine schaffen zu können/ Einsamkeit durch Abgrenzung zu schaffen/ sich zu viel zuzumuten/ zu eigensinnig und egoistisch zu sein.

Du kannst es schaffen, dich von dieser Angst zu befreien, nur solltest du dir keinen inneren Druck machen und dir dein Unvermögen nicht vorhalten. Diese Einschränkung ist für dich eine Grenzerfahrung und sollte dir kein schlechtes Gewissen bereiten. Besinne dich und komm bei dir an und schirme dich von allen Fremdeinflüssen und eigenen Erwartungshaltungen ab.

Gedanken und Gefühle zum Thema (Position 1 – Baum)
Etwas entwickelt sich zum Positiven/ wächst und gedeiht/ braucht noch Geduld/ positive Entwicklung; etwas hat gesunde Wurzeln/ seinen Platz schon gefunden zu haben und sich entfalten können/ sich die nötige Ruhe gönnen, wenn man sie braucht.

Gönne dir deine Zeit, die du brauchst, um dich mit der Angst anzufreunden, sie in deine Arme zu schließen, anzunehmen und zu heilen. Es ist nur Energie, die transformiert werden möchte. Du bist positiv gestimmt und wirst der Angst entwachsen. Du hast gesunde Wurzeln/ Erfahrungen im Leben, und wenn du geduldig mit dir bist, wird sich die Situation zum Positiven hin entwickeln.

Was brauche ich noch? (Position 2 – Herr)
Mut, um aktiv zu werden/ den Willen, es auch umzusetzen und anzupacken/ die Durchsetzungskraft, sein Ziel zu verfolgen/ das Durchhaltevermögen, um nicht aufzugeben.

Der Wille, dein Handicap anzugehen und die nötige Durchsetzungskraft, mit der du dein Ziel, die Angst zu überwinden, verfolgst, wird dich immer mutiger werden lassen. Dich aktiv genau in diesen Situationen, in Kontakt mit größeren Hunden zu treten, unterstützen. Wie sagt man: „Wo die Angst ist, da geht es lang!“

Der nächste Schritt, dies tun/ Ratschlag (Position 3 – Schiff)
Die Lebensumstände anzunehmen und seinen Idealen treu bleiben/ das Auf und Ab im Leben als Lernaufgabe zu begreifen/ alles auf sich zukommen lassen, ohne manipulieren zu wollen/ auf Pausen achten und dass man auch mal ausspannt und den Dingen (wenn es läuft) auch ihren Lauf lässt.

Gib die Hoffnung nicht auf und lass die angstbesetzten Situationen mit größeren Hunden auf dich zukommen. Es stellt sich dir eine Lernaufgabe, die deine seelische Stärke fordern wird und du weißt deine Kraft zu nutzen. Man kann nicht immer gleich den Zusammenhang der Angststörung erkennen und vielleicht geht es auch um das Annehmen der Situation und der Angst, so wie sie sich gerade zeigt.

Bilanz ziehen und Verantwortung übernehmen (Position 5 – Herz)
Sich etwas zutrauen und sich ein Herz fassen, um etwas zu tun, was man sich ansonsten nicht traut/ negative Gefühle überwinden/ Unterschiede und Meinungsverschiedenheiten anerkennen/ auf sein Herz vertrauen, um eine Entscheidung zu treffen/ an Herzenswünschen festhalten/ seine Liebe strahlen lassen und Positives anziehen.

Hier zeigt sich ganz klar, dass du dein Herz entscheiden lassen solltest. Ist es dir wichtig, die Angst zu überwinden, dann traue es dir zu und fasse dir ein Herz. Konfrontiere dich genau mit solchen angstbesetzen Situationen und lass deine Liebe strahlen. Besinne dich auf deine emotionale Intelligenz und übe dich in Dankbarkeit bei jedem noch so kleinen Erfolgserlebnis mit ausgesuchten lieben Hunden. Schaffe dir herzliche Erinnerungen von Begegnungen mit Hunden, die lediglich etwas längere Beine als ihre kleinen Artgenossen haben.

Da wird von außen geholfen, unterstützt (Position 7 – Mäuse)
Negative Auswirkungen werden deutlich/ Verlust im Leben sortiert Überholtes, nicht mehr zu einem Passendes aus/ Verzicht macht Platz für Wesentliches/ andere helfen, Ängste und Zweifel zu überwinden.

Such dir Unterstützung von anderen, die dir helfen können, deine Ängste und Zweifel zu überwinden. Hundebesitzer mit großen lieben Hunden können dir helfen, deinen Kummer und deine Unzufriedenheit aufzulösen und dich in sicherer Atmosphäre mit deiner Angst zu konfrontieren.

Die Erleichterung, das positive Resultat des Loslassens (Position 8 – Wolken)
Wieder an Durchblick gewinnen/ Unklarheiten beseitigen/ trotz Verunsicherung mit der Situation umgehen/ sich der Unsicherheit stellen/ die Herausforderung annehmen.

Nimm die Herausforderung an und stell dich trotz Verunsicherung der Angst und lerne, mit der Situation umzugehen. Es spielt keine Rolle, was die Angst ausgelöst hat, sondern es geht nur darum, aus der Opferrolle herauszutreten und wieder klarer zu sehen.

Fazit:
Die Schwierigkeiten mit den Hunden werden vergehen (Schlange/ Mäuse), wenn du dich dazu entscheidest, deine Isolation bzw. Vermeidungstaktik zu unterlassen (Wege/ Turm). Geh in dich und finde deine Kraft (Turm/ Baum/ Herr), die dir innewohnt, und wenn du sie aus deinem Herzen fließen lässt (Schiff/ Herz), wird die Angst vergehen. Liebe ist stärker als Angst. Die Projektionen, die Hunde mit langen Beinen in dir auslösen, können sich dann auflösen wie Nebel im Morgengrauen. Du hast alles, was du brauchst!

Feedback von Karl

Liebe Andrea,
deine Deutung in den einzelnen Positionen und die Zusammenfassung (Fazit) machen für mich großen Sinn. Ich spüre schon beim Lesen eine intensive Wärme (Kraft) in meiner Bauch- und Herzgegend.

Nur schon die Vorstellung einer Begegnung mit einem Schäferhund zum Beispiel löst in mir bereits das Kribbeln im Bauch und das Erstarren des Körpers in Neugier auf. Neugier auf ein freundschaftliches Zusammentreffen und für den Austausch von „heilenden" Energien. Energien, die in mir ein warmes, wohliges Gefühl entstehen lassen und meine Angst vor dem Tier in ein liebevolles Gefühl umwandeln.

Gespannt bin ich, wie sich das im Alltag auswirkt. Gelegenheiten zum Üben und Erfahrungen zu sammeln, habe ich viele. Ich selbst besitze einen kleinen Malteser, den ich regelmäßig Gassi führe und somit immer wieder größere Hunde treffe.

Mit lieben Grüßen
Karl

Beispiel 7: Loslassen (Immer Ja zu sagen)

Die Fragestellerin ist Monika. Die Deutung kommt von Angelina.

Monika gibt an, dass sie gern ihre Eigenschaft, immer „Ja zu sagen" loslassen möchte. Denn sie macht auch etwas, was sie eigentlich nicht machen will, nur weil sie den anderen Menschen nicht enttäuschen möchte.

Die Karte X in der Mitte wurde verdeckt gezogen.

Thema, um das es dabei geht (Position X in der Mitte – Anker)
Arbeit, Beruf. Ausbildung, Studium, Schule (bei jüngeren Personen). Beschäftigung, an etwas arbeiten, Hobby. Verankerung = sicher machen, etwas festmachen. Treue. Abhängigkeiten, nicht loslassen können, klammern. Ausland.

Monika möchte den anderen Menschen festhalten (also nicht verlieren, wenn sie ihn enttäuschen würde). Auch einfach die Treue zeigen, nach dem Motto, klar helfe ich dir. Nicht loslassen können und eben auch mal Nein zu sagen.

Was schon da ist, woran ich festhalte oder was mich festhält (Position 6 – Schlüssel)
Sicherheit/ Erfolg/ Öffnen für Neues/ Gewissheit erlangen/ Zuversicht/ mit etwas rechnen, einkalkulieren/ Lösung suchen/ Kompetenz.

Die Sicherheit, die man anderen gibt, weil man halt immer Ja sagt und zuverlässig ist.

Was sehe ich nicht? (Position 4 – Bauch)
Dass Versuchungen am Wegesrand lauern/ eines nach dem anderen zu erledigen/ sich zunächst einen Überblick zu verschaffen und Ordnung herzustellen/ mal Pausen einzulegen, damit es nicht zu viel wird/ dass Heilung notwendig ist.

Das Thema braucht definitiv Heilung. Dass wieder eine Ordnung herrscht oder Struktur, wo man sagt, okay, das mache ich, weil ich es will und das mache ich nicht, weil ich es nicht will. Vielleicht in sich hineinspüren, was sagt der Bauch dazu? Will ich wirklich Ja sagen? Oder tue ich es nur, um die anderen nicht zu enttäuschen? Mehr auf den Bauch achten, wenn der grummelt, weil man es eigentlich gar nicht machen will, dann drauf hören, auch wenn der Kopf sagt, du kannst den nicht enttäuschen. Dem Bauch den Vorzug geben, der inneren Empfindung folgen.

Gedanken und Gefühle zum Thema (Position 1 – Mäuse)
Sorgen und Zweifel haben/ Verlustangst/ Unzufriedenheit spüren/ etwas bereitet einem Kummer/ die Angelegenheit ist zum Scheitern verurteilt, geht in den Verlust/ sich auf Bescheidenheit besinnen.

Ja, ganz deutlich der Gedanke, ich würde die anderen sonst enttäuschen oder gar verlieren. Ich bereite Kummer, wenn ich Nein sage.

Was brauche ich noch? (Position 2 – Wolken)
Mehr Durchblick/ Zuversicht, dass sich der Nebel verzieht/ Leichtigkeit, um die Schwierigkeiten zu bewältigen.

Zuversicht, dass andere das auch verstehen, wenn Monika mal Nein sagt. Das Ganze etwas lockerer nehmen, mit mehr Leichtigkeit. Es zieht nicht gleich ein Gewitter auf, nur weil man mal etwas nicht machen möchte. Die Schwankungen akzeptieren und dazu stehen, dann wird sich bestimmt auch das ungute Gefühl verziehen und es fällt von mal zu mal leichter, auf sein eigenes Bauchgefühl zu hören und die Ängste vor Enttäuschung verziehen sich auch.

Der nächste Schritt, dies tun/ Ratschlag (Position 3 – Berg)
Sich der Herausforderung stellen/ Ausdauer beweisen und nicht aufgeben/ sein Ziel trotz Hindernissen weiterverfolgen/ zur Höchstform auflaufen.

Es einfach mal machen. Es als Herausforderung sehen, dass Monika auch mal Nein sagt und dann beobachten, was passiert. Ob es wirklich so schlimm ist, wie sie in ihren Gedanken denkt oder es eigentlich leichter ist, weil es völlig normal ist, denn jeder kann nicht immerzu Ja sagen. Andere haben mit Sicherheit auch Verständnis, wenn Monika hier durch den Berg auch mal standhaft ist und bei ihrer Meinung, ihrem Bauchgefühl bleibt und Nein sagt, wenn sie es nicht machen möchte. Tipp an Monika, stell dir vor, du bist der Fels in der Brandung. Fest stehst du an deinem Platz. Ob die Sonne scheint (also Menschen um dich positiv sind) oder ob es mal regnet oder stürmt (Menschen vielleicht mal enttäuscht sind, weil du Nein sagst), du bleibst in deiner Kraft und fest an deinem Platz, bei deiner Meinung. Achtest auf dich und darauf, was dir guttut.

Bilanz ziehen und Verantwortung übernehmen (Position 5 – Reiter)
Sich aller Chancen bewusst werden/ die Angebote prüfen und sich entscheiden/ aktiv an seinem Vorankommen arbeiten.

Ja genau, die Frage von jemandem genau prüfen, will ich da mitmachen (Anker ist ja auch die Aktivität, wegen der Arbeit, dem Zupacken) oder will ich es lieber nicht und blocke es in dem Fall ab (Berg dran). Jedes mal neu entscheiden können, wie man es gerade haben will. Ja oder nein. Und schauen, ob das Angebot, die Unternehmung jetzt zu einem passt, man es will oder hier die Zügel in die Hand nimmt und woandershin reitet, weil man eben Nein sagt.

Da wird von außen geholfen, unterstützt (Position 7 – Schlange)
Komplikationen zwingen einen, neue Wege zu gehen/ durch andere zur Heilung und Transformation finden.

Es mag sich das ein oder andere Mal vielleicht noch schwierig anfühlen, doch die neue Reaktion von Monika (auch mal Nein sagen) bringt nicht nur Komplikationen für die anderen (denn plötzlich ist

Monika ja nicht immer da und hilft), doch zwingt es die anderen auch dazu, neue Wege zu gehen oder mit Verzögerung voranzukommen. Auch Monika wird vielleicht noch den ein oder anderen Schlenker nehmen und vielleicht doch noch mal Ja sagen, wo ein Nein schon passender wäre. Doch ich denke, im Laufe der Zeit spielt es sich ein und sie ist motivierter, auf ihr Bauchgefühl zu hören und nur noch Aktivitäten mitzumachen, die sie wirklich machen will.

Die Erleichterung, das positive Resultat des Loslassens (Position 8 – Fabrik)

Sich entfalten und etwas erschaffen/ Stabilität und Struktur in ein Projekt bringen/ seine Erfolge und Projekte absichern und eine stabile Basis geben/ seinen Besitz sichern und vermehren/ das Wachstum des Projektes läuft wie von selbst.

Ja, wirklich die Erleichterung. Sie ist fest mit allen verbunden und bleibt es auch. Ein bestehendes System, wo es auch andere gibt, die helfen können oder wo auch Monika mal Hilfe bekommt. Große Stabilität und es läuft irgendwann wie von selbst, dass Monika nur noch Ja sagt, wenn sie es wirklich will. Denn die Angst, Menschen zu verlieren (wegen Enttäuschung), ist unbegründet. Sie werden sich dran gewöhnen und es gar nicht als so schlimm empfinden, wie Monika das denkt. Die Basis ist solide, fest und der Erfolg gewiss.

Fazit:

Monika sollte an sich arbeiten und mehr Zuversicht zeigen, dass man zu anderen auch mal Nein sagen kann. Sehr wichtig ist, mehr auf das Bauchgefühl zu achten und den Kopf mit den Sorgen und Zweifeln mal beiseitezuschieben. Schwankungen und Unsicherheit begleiten vielleicht noch eine Weile, doch es wird immer leichter fallen, auch mal wie der Fels (Berg) fest zu seiner Meinung zu stehen und Nein zu sagen. Trotzdem bleibt es lebhaft, aktiv um sie herum und ein gut funktionierendes System ist gewiss, auch wenn Monika hier und da eben mal Nein sagt. Das Thema „Ja sagen" darf nun heilen. Sich transformieren und Monika findet ihren Platz, wo sich Bauch und Kopf dann auch wohlfühlen werden. Jetzt geht es erst mal darum, sich zu trauen, den Mut zu fassen (passt auch gut zum Reiter) und standhaft zu bleiben und bei jeder Anfrage, jedem Angebot einfach neu zu entscheiden, was will ich wirklich und dies dann auch zu sagen.

Feedback von Monika

Liebe Angelina!

Ich möchte dir mein Feedback zu deiner Ausführung geben und mich bedanken:

Aus deiner Sichtweise habe ich mein Problem noch nicht gesehen. Mir war nicht bewusst, dass meine „Ja-Sagerei“ auch aus dem Grund bestehen könnte, dass ich den anderen Menschen festhalten möchte, aus der Angst heraus, ihn zu verlieren, wenn ich ihm seinen Wunsch nicht erfülle. Ich wollte dem anderen zeigen, dass er sich auf mich verlassen kann, um ihm keinen Kummer zu bereiten. So habe ich meinen Wunsch verdrängt, Nein zu sagen.

Auch die Lösung meines Problems wurde durch die Auslegung genau analysiert und mir aufgezeigt, wie ich meine Denk- und Gefühlsweise ändern kann, ohne gleich das Gefühl zu bekommen, dass ich jemanden im Stich lasse.

Das schöne Symbol mit dem Fels in der Brandung ist eine Hilfe für die Zukunft, wenn ich wieder in das alte Muster verfallen sollte. Außerdem wurde mir gezeigt, dass ich mich auch schätzen kann, wenn ich einmal Nein sage.

Durch diese Analyse habe ich es nun leichter, mein Handeln zu verstehen und mich bewusst mit diesem auseinanderzusetzen.

Ich bin froh, dass ich dich wegen dieses Problems um Rat gefragt habe und kann dich nur aus ganzem Herzen weiterempfehlen.

Nochmals vielen Dank für deine Mühe.

Liebe Grüße
Monika

Beispiel 8: Loslassen (Familienthematik)

Die Fragestellerin ist Mary. Die Deutung von Andrea.

Familienthematik mit meiner Herkunftsfamilie.

Die Karte X in der Mitte wurde verdeckt gezogen.

Thema, um das es dabei geht (Position X in der Mitte – Bär)
Etwas Altes bzw. Älteres oder etwas aus der Vergangenheit, kennt man schon von früher. Etwas Großes, Mächtiges. Kraft, Stärke (auch innere Stärke). Dranbleiben, notfalls Krallen zeigen und darum kämpfen. Autoritätsperson, Chef, Anwalt, Notar, Makler, Arzt. Fachperson, Spezialist oder der Opa.

Wie man sieht, geht es um die Vergangenheit und Menschen, die eine Autorität bedeutet haben. Für dich war es in diesem Umfeld wichtig, deine innere Stärke zu zeigen und für deine Belange zu kämpfen.

Was schon da ist, woran ich festhalte oder was mich festhält (Position 6 – Park)
Andere Menschen wichtig nehmen/ die Meinung anderer zu wichtig nehmen/ nur an sich selbst zu denken.

Es sieht so aus, als wenn deiner Herkunftsfamilie immer sehr wichtig gewesen ist, was die anderen Leute von ihnen denken könnten. Sie haben die Meinung anderer zu wichtig genommen und wollten in der Öffentlichkeit gut dastehen.

Was sehe ich nicht? (Position 4 – Schlüssel)
Dass man sich Gewissheit verschaffen muss/ eine Lösung hermuss/ es wichtig ist, Konsequenzen zu ziehen/ die Realität eine andere ist/ Sicherheit Vorteile bietet/ kompetent zu handeln.

Doch die Realität war eine andere und der familiäre Streit war schon immer unter der Oberfläche. Es ist Zeit, da mal hinzuschauen und Konsequenzen zu ziehen und dann zu handeln. Eine Lösung des Konfliktes ist wichtig für dich.

Gedanken und Gefühle zum Thema (Position 1 – Schlange)
Komplikationen/ indirekt ans Ziel kommen/ mit Verzögerungen rechnen müssen/ Umwege in Kauf nehmen/ Neid und Missgunst/ jemandem etwas nicht gönnen.

Die Situation erscheint dir sehr kompliziert und deine Gedanken kreisen um all die Dinge, die geschehen sind. Du kannst dir gut vorstellen, dass es nicht so einfach wird und du mit Verzögerungen rechnen solltest. Doch du würdest auch Umwege in Kauf nehmen, um an dein Ziel zu kommen.

Was brauche ich noch? (Position 2 – Engel)
Mehr Gottvertrauen und die Gewissheit, dass Engel und die geistige Welt etwas Reales sind/ mich als wertvoll anzuerkennen/ viel Wissen zu erlangen.

Du brauchst die Unterstützung der Engel und musst dich von ihnen in dieser schwierigen Situation führen lassen. Deine Familienmitglieder deiner Herkunftsfamilie sind nicht einfach zu nehmen und es sollte für dich in allererster Hinsicht darum gehen, dich als wertvollen Menschen zu sehen und das auch so zu empfinden. Dein Selbstwert ist die größte Unterstützung, samt den Engeln, die dich behüten und dir Schutz bieten.

Der nächste Schritt, dies tun/ Ratschlag (Position 3 – Wolken)
Innehalten, das innere Licht finden/ sich nicht mehr vom äußeren Geschehen verunsichern lassen/ unbeschwerter durchs Leben gehen/ Unklarheiten beseitigen und Schwierigkeiten aus dem Weg räumen/ für Klarheit sorgen.

Und wieder heißt es, innezuhalten und herauszufinden, was du wirklich möchtest. Alle äußeren Einflüsse und Manipulationsversuche beiseitezulassen und herauszufinden, was du eigentlich von deiner Herkunftsfamilie erwartest. Wenn du da mehr für Klarheit in dir sorgst, kannst du viel besser entweder Schwierigkeiten aus dem Weg räumen oder dir selbst genug sein und unbeschwerter durchs Leben gehen.

Bilanz ziehen und Verantwortung übernehmen (Position 5 – Berg)
Man muss sich anstrengen und sein Ziel verfolgen/ Ausdauer und Mut beweisen/ Hindernisse aus dem Weg räumen/ sich einen Überblick über die Situation verschaffen/ trotz Widerstand am Ball bleiben/ für etwas kämpfen, woran man glaubt.

Da wirst du dich anstrengen und Mut beweisen müssen. Dir wird da wohl Widerstand entgegengesetzt, Frieden mit allem zu schließen. Doch du solltest, wenn du es für deinen Seelenfrieden machst, kämpfen und dich nicht unterkriegen lassen. Steh für dich ein, woran du glaubst und was du möchtest. So gelingt es dir, Dinge, die du schon immer mal sagen wolltest, auszusprechen.

Da wird von außen geholfen, unterstützt (Position 7 – Haus)
Menschen, die einem Geborgenheit geben/ ein Zuhause, das einem Schutz bietet/ stabiles Umfeld/ Stabilität und Struktur durch den häuslichen Rahmen/ Zeit mit der Familie verbringen.

Ich denke mal, hier geht es um deine Familie, die du dir selbst aufgebaut hast und die dir in dieser Situation mit deiner Herkunftsfamilie Stabilität und Geborgenheit bietet. Die Zeit, die du mit deiner Familie verbringst, zeigt dir, dass es auch viel harmonischer zugehen kann. Das gibt dir die Sicherheit, um zu wissen, dass du selbst in deinem Umfeld für ein geschütztes Zuhause sorgen kannst.

Die Erleichterung, das positive Resultat des Loslassens (Position 8 – Störche)
Zu anderen Freundschaft entwickeln/ Unterstützung zu schätzen wissen/ Hilfe annehmen/ mehr Selbstwert entwickeln/ die Unterwürfigkeit ablegen/ sich selbst vertrauen.

Wenn du die Problematik mit deiner Herkunftsfamilie loslassen kannst, ist dies wie ein Aufbruch in eine neue Lebensphase. Du kannst frei wählen, denn eigentlich hast du ein stabiles Umfeld, das dich unterstützt. Gib den Veränderungen, die mit der Konfrontation mit deiner Herkunftsfamilie einhergehen, eine Chance, doch du musst dich nicht verbiegen.

Fazit:
Manchmal kommt einem alles so kompliziert vor, dabei ist die Lösung so nah (Schlüssel/ Schlange). Die Engel werden dich begleiten und dir auch zeigen, wie wertvoll du bist. Wie wichtig es ist, dein inneres Licht zu finden und deine eigene Autorität anzuerkennen (Bär in der Mitte). Die Probleme mit deiner Herkunftsfamilie solltest du als Herausforderung sehen (Wolken/ Bär). Heutzutage bist du deine eigene Autorität (Bär/ Haus) und kannst mit viel Unterstützung bei den Veränderungen durch deine eigene Familie rechnen (Haus/ Störche). Zu erkennen, dass du nur für dich selbst entscheiden kannst und allen Frieden anbietest, aber dich nicht von der Reaktion deiner Herkunftsfamilie abhängig machst, ist das, was in dir inneren Frieden schaffen kann.

Feedback von Mary

Zu Position X: Ja, das stimmt. Es ging immer um das Kämpfen mit Autoritätspersonen (meiner Mutter). Ich konnte nie so sein, wie ich bin. Bevormundung, Zurechtweisung usw.

Zu Position 6: Ja, das stimmt. Dazu passt auch „gute Miene zum bösen Spiel."

Zu Position 4: Dazu kann ich nichts sagen. Wohl, weil vieles mit sich alleine ausgemacht wird in dieser Familie und die Familienmitglieder, zu denen ich eine starke Bindung hatte, bereits verstorben sind (da wäre wohl auch eine Familienaufstellung ratsam) – aber eben auch, dass ich den Schlüssel bereits in Händen halte und dies auch angehen kann.

Zu Position 1: Ja, diese Verzögerungen würde ich in Kauf nehmen, da es diese Familienkonflikte lösen könnte und zukünftige Generationen davon befreit wären.

Zu Position 2: Auch das kann ich bestätigen. Ein Medium hat mir vor über 13 Jahren gesagt, ich habe noch eine große Aufgabe mit meiner Familie zu erledigen. Und dazu bedarf es eben auch der Hilfe der geistigen Welt. Mir wurde klar, dass ich mich eben als Seele wahrnehmen und erkennen soll und nicht im Bewusstsein der Begrenztheit dieses Daseins karmische Strukturen zu lösen. Es hat also etwas mit Seelenaufgabe zu tun.

Zu Position 3: Absolut richtig!

Zu Position 5: Absolut richtig, so empfinde ich es auch!

Zu Position 7: Auch wieder 100%-ig richtig!

Zu Position 8: Auch das passt sehr gut!

Fazit: Bei dieser Deutung bin ich zu 100 % mit dabei, wie du gedeutet hast! Sehr gut! Klar, präzise und auf den Punkt gebracht. Eigentlich eine Bestätigung davon, wie ich es auch sehe bzw. weiß.
Sehr gut! Vielen lieben Dank.

Beispiel 9: Loslassen (Gesundheit)

Die Fragestellerin ist Simone. Die Deutung kommt von Angelina.

Simone hat zur Legung Loslassen nur das Stichwort „Gesundheit“ angegeben.

Die Karte X in der Mitte wurde verdeckt gezogen.

Thema, um das es dabei geht (Position X in der Mitte – Bär)
Etwas Altes bzw. Älteres oder etwas aus der Vergangenheit, kennt man schon von früher. Etwas Großes, Mächtiges. Kraft, Stärke (auch innere Stärke). Dranbleiben, notfalls Krallen zeigen und darum kämpfen. Autoritätsperson, Chef, Anwalt, Notar, Makler, Arzt, Fachperson, Spezialist oder der Opa.

Ja, so ganz ohne Angabe ist etwas schwierig zu sagen, da man nicht weiß, ob es nun eine Krankheit gibt, wo man die loslassen will oder ob es tatsächlich die Gesundheit ist, die man einfach stärken will. Im Falle der Krankheit weist der Bär auf einen Spezialisten hin, den man zurate ziehen sollte. Ich gehe jetzt aber mal nach meinem

Bauchgefühl und denke, die Gesundheit ist an sich in Ordnung, dass der Bär schon die Kraft, Stärke anzeigt und Simone vielleicht nur wissen will, ob sie für die Gesundheit noch was Gutes tun kann und bestimmte Sachen loslassen, damit es noch besser aussieht im Bereich der Gesundheit.

Was schon da ist, woran ich festhalte oder was mich festhält (Position 6 – Mond)
Feingefühl/ Sensibilität/ Sentimentalität/ mediale Fähigkeiten/ Intuition/ Erfolg/ Anerkennung/ Gefühle/ Träume.

Simone ist ein Mensch mit sehr viel Gefühl und so geht ihr das ein oder andere bestimmt sehr nahe und wirkt sich auch auf ihre gesundheitliche Verfassung aus.

Was sehe ich nicht? (Position 4 – Ring)
Dass Routine zum Leben dazugehört/ man für Absprachen und Vereinbarungen geradesteht/ eine Verbundenheit mit jemandem da ist/ Wiederholungen auch wichtig sind und einem Sicherheit geben.

Sich mit der Gesundheit zu verbinden, sich sich selbst gegenüber zu verpflichten, gut auf sich zu achten und der Gesundheit etwas Gutes zu tun. Gewisse Routinen (seien es nun Routineuntersuchungen) oder gar Rituale, die man machen kann, wo man sich und seinen Körper vielleicht mal verwöhnt oder einen besonderen Gesundheitstag einlegt. Auf Regelmäßigkeiten achten und etwas, das man begonnen hat, zur Gewohnheit und Routine werden lassen.

Gedanken und Gefühle zum Thema (Position 1 – Wege)
Viele Möglichkeiten haben/ Entscheidungen stehen an/ eine Wahl muss getroffen werden/ sich nicht entscheiden können oder wollen/ sich alle Optionen offenhalten wollen.

Simone hat mehrere Möglichkeiten und kann sich entscheiden, was sie für die Gesundheit tun möchte.

Was brauche ich noch? (Position 2 – Kreuz)
Keine Bedingungen zu stellen/ Glaube und Gebet/ die Notwendigkeit der Situation zu erkennen/ sich der Prüfung zu stellen/ sein Schicksal anzunehmen/ Erfahrungen sammeln, um sein Schicksal zu bewältigen.

Mit dem Kreuz geht es neben dem Glauben auch um die Wichtigkeit. Also das Thema Gesundheit ernst und wichtig nehmen.

Der nächste Schritt, dies tun/ Ratschlag (Position 3 – Wolken)
Innehalten, das innere Licht finden/ sich nicht mehr vom äußeren Geschehen verunsichern lassen/ unbeschwerter durchs Leben gehen/ Unklarheiten beseitigen und Schwierigkeiten aus dem Weg räumen/ für mehr Klarheit sorgen.

Gerade weil Simone ein Gefühlsmensch ist, würde ich sagen, mehr in die Lockerheit gehen, es leichter nehmen und Schwierigkeiten nicht zu nah an sich heranlassen, weil die sich sonst auf die Gesundheit auswirken. Versuchen, den Alltag, das Leben einfach unbeschwert zu gestalten und die Wichtigkeit vielleicht auch mal im Loslassen erkennen und alle Fünfe gerade sein lassen.

Bilanz ziehen und Verantwortung übernehmen (Position 5 – Sonne)
Für Fülle und Wärme sorgen/ seinen Willen durchsetzen/ an sich und seinen Erfolg glauben/ Optimismus versprühen/ Prioritäten setzen.

Priorität auf Gesundheit und Wohlfühlen setzen. Sich mit positiven Dingen/ Menschen umgeben. Stets optimistisch sein und an Erfolge bzw. positive Entwicklungen glauben. Auch für genügend Wärme sorgen (sowohl im Sinne der Temperatur als auch der Geborgenheit und Fürsorge für sich selbst).

Da wird von außen geholfen, unterstützt (Position 7 – Hand)
Kompromissangebote in Erwägung ziehen/ eine helfende Hand nicht ausschlagen/ Menschen, die aus dem eigenen Leben verschwinden, gehen lassen/ sich für Neues öffnen/ sich nicht in den Verantwortungsbereich des anderen einmischen und mehr ins Vertrauen gehen.

Hier sehe ich auch eher das Loslassen und sich gefühlsmäßig nicht zu sehr auf Themen und Menschen einlassen, die dem eigenen Leben und damit der Gesundheit nicht guttun. Andere in deren Verantwortung belassen und auf sich selbst achten. Also sich nicht einmischen, wo es nicht gewollt ist bzw. einem selbst nicht guttut. Ins Vertrauen gehen, dass das Schicksal alles regeln wird.

Die Erleichterung, das positive Resultat des Loslassens (Position 8 – Mäuse)
Kummer und Sorgen überwinden und hinter sich lassen/ ohne Wehmut etwas loslassen/ auf Überflüssiges verzichten/ Ängste loslassen und sich nicht mehr davon beherrschen lassen/ man besinnt sich auf Bescheidenheit und Demut/ man sieht das Geschenk in den kleinen Dingen, die einem ansonsten als selbstverständlich erscheinen.

Auf Überflüssiges verzichten. Sich Gefühle und Schwierigkeiten von anderen nicht aufhalsen und stattdessen in der Leichtigkeit leben und sich an kleinen Dingen erfreuen und Ängste überwinden.

Fazit:
Wenn ich beim Thema, die Gesundheit zu stärken, und gut auf sich zu achten, bleibe, dann geht es darum, in seiner eigenen Kraft zu bleiben, sich von anderen Gefühlen und Schwierigkeiten durch Verbindungen/ Beziehungen nicht beeinflussen lassen. Dinge und Menschen loslassen, die einem nicht guttun und alles nicht so nah an sich heranzulassen, weil sonst die Leichtigkeit verloren geht und man durch schlechte Gefühle auch die Gesundheit ungünstig beeinflusst. Gut wäre vielleicht auch, Beziehungen aus der Vergangenheit (Bär und Ring) endlich loszulassen und davon Abschied zu nehmen, weil die den Gefühlen auch nicht guttun und die Gesundheit damit auch beeinträchtigen können.

Feedback von Simone

Liebe Angelina,
danke für deine ausführliche Deutung meines Themas.

Ich bin in der Tat eine sehr sensible, mediale und spirituelle Person. Häufig hat mich das im Leben schon mehr Kraft gekostet als andere.

Meine Symptome wurden nie einer Krankheit zugeordnet, entweder, weil nichts zu finden war, oder weil man daran vorbeigesehen hat?

In der Summe ist es eine vegetative Dystonie und ich bin eine HSP. Das wurde immerhin festgestellt.

Mit dem Loslassen ist das so eine Sache wie mit dem Abgrenzen auch. Beides fällt mir schwer und ich weiß nicht, wie ich das hinbekommen soll, ohne dass es mir danach schlecht geht. Aber nötig ist es, dass ich das Loslassen von krank machenden Dingen, Situationen oder Menschen schaffe.

Verraten die Karten, was ich gegen diese Reizüberflutung, unter der ich öfters leide, tun kann? Bin ich wirklich für alle Ansätze offen, nur habe ich nichts gefunden, was mir nachhaltig Linderung brachte ...

Wenn du einen Bereich siehst, auf den ich körperlich oder seelisch besonders achten sollte, würde mir das sehr helfen, da ich im Dunkeln tappe. Die Veranlagung ist wohl relativ selten.

Liebe Grüße und weiterhin viel Erfolg,
Simone

Ergänzende Legung auf das Feedback von Simone

Auf die Frage „was gegen die Reizüberflutung tun“, habe ich mal 2 Ergänzungskarten gezogen, damit ich eine Kombi deuten kann.

Es fiel die Schlange und dann der Herr.

Die Antwort kann man mit dem psychologischen Aspekt deuten, die ich jetzt auch mal in „Du“-Form direkt an Simone geschickt hatte und es der Vollständigkeit halber auch hier ins Buch mit rein nehme.

Psychologischer Aspekt (Schlange): Es kompliziert machen, sich selbst im Weg stehen, ausweichen, kritisch sein, neidisch sein, berechnend sein, verführerisch sein.

Psychologischer Aspekt (Herr): Willensstark, autoritär, ehrgeizig, mutig, dominant.

Also für mich ist das ein Hinweis, dass Simone versuchen sollte, dem Ganzen auszuweichen. Sich zurückziehen und willensstark Nein sagen. Sich selbst gegenüber mal autoritär sein und an sich denken und sich aus dem Geschehen dann zurückziehen, auch wenn es anderen vielleicht nicht passt. Es lernen, an sich zu denken und die eigenen Grenzen halt zu wahren, auch wenn es vielleicht am Anfang noch schwerfällt, es trotzdem tun. Die Schlange hat ja auch ihre Haut, die sie abstreifen kann, sich transformieren und in die neue hineinschlüpfen. Weiterhin ist sie ein Heilungssymbol. Also sollte Simone stark sein und sich trauen, wenn es Zeit zum Abgrenzen und Nein sagen ist.

Auch der Bär in der Legung zeigt ja schon an, dass man autoritär sein sollte, auf seinen Willen achten, sich durchsetzen, also da macht die Deutung vom Bär jetzt natürlich noch mehr Sinn. Dass Simone zum Loslassen diese Kraft braucht bzw. lernen sollte, sie einzusetzen.

Zu dem zweiten Hinweis bzw. der Frage im Feedback:

Gibt es einen Bereich, auf den Simone körperlich oder seelisch besonders achten sollte?

Auch hier habe ich noch mal zwei Karten gezogen, ob ein Hinweis auf Körper, Seele oder Geist kommt und auch, was es noch für eine Botschaft auf psychologischer Ebene gibt.

Es fiel zuerst die Hand und dann noch das Haus, was mir an dieser Stelle schon sehr deutlich den Fokus auf den Körper schickt, denn das Haus steht für den Körper, auf den Simone also mehr achten sollte.

Psychologischer Aspekt (Hand): Seine eigene Autorität anerkennen, seine Grenzen erkennen, eigenverantwortlich handeln, was überfordert, loslassen, was einem schadet, sein lassen.

Das Haus ist im Grunde die direkt Antwort auf die Frage, aber auch hier der Vollständigkeit halber noch mal der psychologische Aspekt:

Psychologischer Aspekt (Haus): Beharrlich sein, sich zugehörig fühlen, Zusammenhalt erleben, sich vertraut fühlen, Geborgenheit empfinden, verlässlich sein, bodenständig, selbstbewusst.

Es geht also immer wieder in den Hinweisen darum, auf die eigene Autorität zu achten, sich selbst gut zu fühlen und von Dingen/ Situationen/ Menschen oder der Reizüberflutung Abschied zu nehmen, sich zurückziehen, die eigenen Grenzen zu wahren und auf sich selbst zu achten. Eigenverantwortung übernehmen und gut zu sich selbst sein.

Als letzter Schlussgedanke könnte der Bär auch noch mal der Hinweis auf einen Spezialisten sein, der im Bereich HSP besonders hilfreich ist, und wo man von ihm lernen kann, sich abzugrenzen, auf sich selbst zu achten und aus der Selbstsabotage herauszukommen und ins eigene Glück zu finden. Dazu habe ich jetzt noch einen Tipp. Denn ich kenne tatsächlich eine solche Expertin, die eine ausgebildete Ärztin ist, selbst hochsensibel und daher auch eine wundervolle Begleitung auf dem Weg der Selbstheilung für HSP sein kann. Mehr Infos zu Dr. Michelle Haintz findest du auf ihrer Webseite:

www.hsp-test.info

Beispiel 10: Loslassen (Tochter – Nein sagen)

Die Fragestellerin ist Silvia. Die Deutung von Andrea.

Warum fällt es mir schwer, bei meiner Tochter (27) Nein zu sagen und warum habe ich immer ein schlechtes Gewissen, wenn ich es dann doch tue?

Die Karte X in der Mitte wurde verdeckt gezogen.

Thema, um das es dabei geht (Position X in der Mitte – Kreuz)
Etwas Wichtiges, Schicksal, Karma, Prüfung, Probe, Lernaufgabe.

Es geht um die Notwendigkeit, auch mal Nein zu sagen und es als Prüfung zu erleben. Es belastet dich und zeigt sich durch ein schlechtes Gewissen. Darin liegt eine Lernaufgabe, die gemeistert werden möchte.

Was schon da ist, woran ich festhalte oder was mich festhält (Position 6 – Herz)
Zuneigung/ Liebe/ Einfühlungsvermögen/ Anziehungskraft/ Entscheidung zwischen Herz und Verstand.

Natürlich geht es hier um eine Herzensangelegenheit. Schließlich geht es um deine Tochter, die du liebst und der du alles Gute zukommen lassen möchtest. Jedoch kommst du so manches Mal in den Konflikt, zwischen Herz und Verstand entscheiden zu müssen.

Was sehe ich nicht? (Position 4 – Anker)
Dass Arbeit für den Lebensunterhalt erforderlich ist/ man etwas arbeiten muss/ Abhängigkeiten unfrei machen/ dass es nicht funktioniert, sich an Menschen zu klammern, das macht unselbstständig.

Du solltest daran arbeiten, deine Tochter nicht immer zu unterstützen, denn sonst wird sie nicht selbstständig und ist dann von deinen Zuwendungen abhängig, um ihren Lebensunterhalt zu bestreiten.

Gedanken und Gefühle zum Thema (Position 1 – Turm)
Selbstständigkeit/ für sich selbst sorgen können/ für sich selbst einstehen/ Grenzen setzen können oder müssen/ Isolation/ Einsamkeit.

Du wünscht dir, dass deine Tochter selbstständig wird. Dabei ist es sehr wichtig, deiner Tochter Grenzen zu setzen, damit sie lernt, selbst für sich zu sorgen.

Was brauche ich noch? (Position 2 – Ruten)
Ein faires Miteinander/ Kommunikation auf Augenhöhe/ Entgegenkommen bei Auseinandersetzungen/ Kompromissbereitschaft.

Es gilt, Kompromisse zu schließen und ein faires Miteinander zu praktizieren. Dabei sollte die Kommunikation auf Augenhöhe stattfinden, zwischen zwei Erwachsenen. Das hilft dir auch, ihre Eigenverantwortung zu sehen.

Der nächste Schritt, dies tun/ Ratschlag (Position 3 – Reiter)
Aktiv werden/ etwas unternehmen/ spontan sein/ zögere nicht, handle sofort/ nutze deine Chancen/ du hast alles, was du brauchst, um voranzuschreiten.

Da du im Grunde genommen weißt, dass es nicht richtig ist, zu allem Ja zu sagen, solltest du handeln und nicht zögern. Und du solltest deinem Gefühl oder deinen Gedanken vertrauen, wenn du mehr zu einem Nein tendierst. Übe dich darin und riskiere ruhig mal was.

Bilanz ziehen und Verantwortung übernehmen (Position 5 – Klee)
Sich über sein Glück im Leben klar werden/ das Glück beim Schopf packen/ für Zufriedenheit sorgen/ optimistisch den nächsten Schritt gehen/ Freude und positive Gefühle zulassen/ anderen zeigen, dass man für sein Glück selbst verantwortlich ist.

Werde dir darüber klar, dass es nicht schlimm sein kann, deiner Tochter auch mal Grenzen zu setzen. Das wird dich längerfristig zufriedener machen und bei deiner Tochter dafür sorgen, dass sie Eigenverantwortung lernt. Sei optimistisch, es wird schon nicht so schlimm werden.

Da wird von außen geholfen, unterstützt (Position 7 – Störche)
Möglichkeiten, sich zu verändern/ Verbesserungen, die vorgeschlagen werden, anzunehmen/ Abwechslung durch andere willkommen heißen/ Impulse von außen nutzen.

Für euch beide schlummern da Möglichkeiten, euch zu verändern. Deine Tochter wird dir da gegebenenfalls sogar entgegenkommen, wenn du es zur Sprache bringst. Vielleicht hat sie auch Vorschläge, die Situation zu entspannen und zeigt sich einsichtiger, als du denkst.

Die Erleichterung, das positive Resultat des Loslassens (Position 8 – Mond)
Man ist mit seiner Intuition verbunden/ man setzt seine Träume um/ man schätzt seine Leistungen wert und ist zufrieden damit/ lässt Gefühle zu und sieht sie als wichtigen Hinweis dafür, was für einen gut oder nicht gut ist/ lebt seine Medialität.

Wenn du deinen Gefühlen vertraust und intuitiv entscheidest, ob du Ja oder Nein sagen möchtest, wird es auf jeden Fall richtig sein. Sensibel mit dem Thema umzugehen und die Befindlichkeiten von euch beiden miteinzubeziehen, wird eine Atmosphäre schaffen, in der euer beider Bedürfnisse berücksichtigt werden.

Fazit:
Es wäre ganz gut, mit deiner Tochter mal über deine Belastung bezüglich dieses Themas zu sprechen (Kreuz/ Ruten). Eure Basis ist die liebevolle Zuwendung (Herz) und an einer Beziehung muss ständig gearbeitet werden (Herz/ Anker). Also, höre auf, dir alleine Gedanken darüber zu machen und suche das Gespräch mit ihr (Turm/ Ruten). Dann besteht die Möglichkeit, dass sich alles zum Guten wendet (Reiter/ Klee) und einer Veränderung (Störche) nichts im Wege steht. Auf jeden Fall zeigt der Mond, dass die Gespräche, wenn man sich ein Herz fasst (Ruten/ Reiter), erfolgreich sein werden (Störche/ Mond und darüber Klee). Also nur Mut, alles wird gut!

Feedback von Silvia

Liebe Andrea, hiermit kann ich dir mitteilen: Bei diesem Thema hast du mit deiner Deutung voll den Nagel auf den Kopf getroffen.

Es ist genau so, wie du es beschreibst und ich habe schon mal erfahren, dass ich mit meiner Tochter eine große Prüfung in diesem Leben mit ihr erlebe, und sie hat sich mich ausgesucht, weil nur ich in diesem Leben helfen kann.

Habe schon oft versucht, mit ihr zu reden und es wird von Mal zu Mal besser. Und nach deiner Deutung werde ich mich weiter bemühen, mit ihr die Problematik anzugehen und es mit Gesprächen zu einem guten Miteinander kommen zu lassen.

Auch das ist für mich eine Herzensangelegenheit und ich werde es schaffen. Ich danke dir vielmals, es hat mir sehr geholfen. Und vielen Dank für deine Deutungen.

Liebe Grüße
Silvia

Große Tafel (Blockaden und Loslassen deuten)

Hier folgt nun noch einmal ein Beispiel für die Deutung der Blockade und des Loslassens, wenn man dies in einer großen Legung deuten möchte, weil vielleicht am Ende vom Gesamtüberblick noch jemand fragt, wo sind denn meine Baustellen und Blockaden und dann in dem Zusammenhang auch fragt und wie kann ich es lösen bzw. loslassen.

Der Fragesteller ist Burkhard (der Mann von Angelina) und die Deutung ist von Angelina.

Die Legung wurde nur zum Abklären der Blockade und des Loslassens ausgelegt und brauchte weitere Themen nicht anzuzeigen. Es ging nur darum, zu zeigen, wie man es deuten kann, wenn kein spezielles Blockadenthema angegeben wurde. Und mein Mann hat sich freundlicherweise für diesen Deutungszweck mit seiner Legung zur Verfügung gestellt.

Hier das Gesamtbild mit den 40 Karten, wobei ich gleich noch die Ausschnitte um die Blockade (Berg) und das Loslassen (Hand) zeige und deuten werde.

Ich beginne mal mit der Blockadendeutung.

Zunächst fällt auf, dass der Berg leider am Rand liegt, wir also nicht alle Positionen zum Deuten haben, was eben genau der Nachteil ist, wenn man die große Legung bei den Themen wählt und keine eigene kleine Legung dazu macht. Doch was soll's, ich wollte es ja so zeigen.

Um nun zu sagen, worum es genau bei der Blockade geht, kann ich mir die 2 Häuseraussagen dazu ansehen. Der Berg liegt auf dem Haus der Schlange und auf dem Haus vom Berg liegt die Karte 16 – Sterne.

Thema, um das es dabei geht (Schlange): Komplikationen, Verwicklungen. Herumeiern, auf der Stelle treten oder ein Schritt vor, zur Seite usw. Nur auf Umwegen, mit Schlenkern ans Ziel kommen bzw. mit Verzögerung. Auch Vorsicht, Gefahr, giftige Gedanken, giftiges Umfeld, Neid. Die Kreuzdame = eine Frau, die schwierig, kompliziert, neidisch ist oder auch ca. gleich alt wie die fragende Person. Rivalin, Expartnerin.

Thema, um das es dabei geht (Sterne): Klarheit. Es geht um viel = Anzahl. Viele und auch hohe Erwartungen. Erfüllung. Große Glückskarte, alles wird gut, göttliche Fügung. Musik, Kunst, Spiritualität (in Anlehnung an die Sternbilder). Kunst braucht eine gewisse Wertschätzung und Anerkennung.

Zusammenfassend lässt sich das Thema wie folgt beschreiben:
Es geht um sein Glück, die Erfüllung, und dass er sich da wohl selbst im Weg steht und nur mit Umwegen ans Ziel kommt bzw. hier und da auch zu giftige (negative Gedanken) hat. Klarheit der Sterne ist mit Schlange dran eben noch nicht klar, was auch wieder gut zu den giftigen Gedanken passt. Wobei es jetzt natürlich das Glück in allen möglichen Bereichen sein kann, da hier weder Partnerschaft noch Beruf oder sonstige Hinweise sind.
Sagt man jedoch der fragenden Person, du bist noch, was dein Glück betrifft, blockiert, so wird sie sehr wohl wissen, welchen Bereich des Glücks es betrifft. Und hat man in einer großen Tafel vorher noch andere Fragen beantwortet, dann ist sehr wahrscheinlich eh klar, wo noch etwas im Argen ist und die Blockade im Zusammenhang dort auch gedeutet werden kann.
Oder du schaust noch mal ein Stück weiter, denn hier geht es um die Schlange und auch die Sterne, also kann ich noch schauen, ob eine

der Themenkarten für Liebe, Beruf oder Finanzen noch mit an diesen Karten liegt, um es weiter einzugrenzen, in welchem Bereich das Glück nun gemeint ist. Um die Schlange liegt als Themenkarte der Baum. Um die Sterne der Turm und vor allem die Fabrik. Und neben der Fabrik auch der Fuchs. Ah ja, hier läuft was falsch im Bereich der Selbstständigkeit. Das Glück in der Selbstständigkeit ist also gemeint.

Und weiter geht es mit der Deutung der vorhandenen Positionen um den Berg. Wobei ich erst mal wieder die Positionsdeutung von weiter vorn im Buch noch mal hinschreibe und dann die Deutung als Gesamtes, bezogen auf die Thematik, zusammenfassen werde.

Was blockiert mich? Was ist das Problem? (Position 6 – Ring)
Sich wie im Hamsterrad fühlen/ Routine, die einen langweilt/ eine Verbundenheit, der man sich verpflichtet fühlt/ Verbindlichkeiten, die erfüllt werden wollen.

Was sehe ich nicht? (Position 4 – Sense)
Dass ein neuer Zyklus im Leben beginnt/ die Umstände einen zu einer Korrektur des Denkens oder Handelns veranlassen wollen/ alles zu seiner persönlichen Entwicklung dazugehört und für einen wichtig ist.

Dies kann man tun, um die Angelegenheit zu klären (Position 5 – Bär)
Selbstbewusst sein Ziel verfolgen/ den anderen beschützen/ Rückgrat zeigen/ souverän seine Erfahrungen nutzen.

Da wird von außen geholfen, unterstützt (Position 7 – Park)
Andere sind für einen da/ man wird gebraucht/ das Umfeld nimmt einen zur Kenntnis/ Verabredungen möchten vereinbart werden.

Die Lösung der Blockade (Position 8 – Sarg)
Sich von Altem, das einem nicht mehr guttut, trennen zu können/ nach der Ruhephase wieder Kraft fürs Vorankommen haben/ innere Entwicklungsprozesse nach außen zu zeigen und Veränderungen zuzulassen.

Deute ich nun den Zusammenhang im Bereich glücklich sein oder werden in der Selbstständigkeit, dann geht es mit dem Ring um Verträge oder auch Verpflichtungen, die man hat. In Bezug auf die Blockade auch durchaus sich im Kreis drehen, nur Routinearbeiten, die einen nicht genug fordern und vielleicht eher langweilen. Mit der Sense sieht Burkhard nicht, dass er solche Verträge/ Verpflichtungen auch kappen könnte (abschneiden), um eine andere Aufgabe/ Ernte zu bekommen. Er soll jetzt selbstbewusst sein Ziel verfolgen und dabei seine Erfahrungen einsetzen. Von außen wird er definitiv gebraucht und viele Leute (bestimmt Kunden) sind für ihn da. Wenn er sich jetzt von Aufgaben trennt und Veränderungen auch zulässt, können andere Aufgaben ganz überraschend auf ihn zukommen und die Entwicklung in Gang kommen.

Weiter geht es mit der Deutung zum Loslassen

Auch hier fällt auf, dass die Hand leider am Rand liegt, wir also wieder nicht alle Positionen zum Deuten haben. Doch wie eben die Deutung bei der Blockade schon gezeigt hat, ist dies weniger schlimm, als gerade noch vermutet, denn ich bin trotzdem zu aufschlussreichen Antworten gekommen.

Um nun zu sagen, worum es genau beim Loslassen geht, kann ich mir auch hier die 2 Häuseraussagen dazu ansehen. Die Hand liegt auf dem Haus der Engelsflügel und auf dem Haus der Hand liegt die Karte 27 – Brief.

Thema, um das es dabei geht: Schutz, etwas ist oder wird geschützt. Geführt werden. Etwas festhalten. Etwas gewinnen, wertvoll. Vertrauen haben (in eine höhere Macht).

Thema, um das es dabei geht (Brief): Brief, Schriftstück, Papier, Visitenkarte, E-Mail, SMS, Post, ggf. Telefonat oder Vertrag. Kommunikation, Kontakte knüpfen. Nachricht, Neuigkeiten. Kurzlebigkeit. Etwas Vorübergehendes, Oberflächliches, fehlende Tiefe.

Zusammenfassend lässt sich das Thema wie folgt beschreiben: Vertrauen haben (in eine höhere Macht), oder dass Burkhard zu den richtigen Verträgen und Kontakten geführt wird.

Was sehe ich nicht? (Position 4 – Schiff)
Sich nicht nur treiben lassen/ seinem Lebenstraum zu folgen/ die Sehnsucht als Motivation zu nutzen/ durch Passivität werden Realitäten geschaffen, die man nicht haben möchte.

Gedanken und Gefühle zum Thema (Position 1 – Buch)
Geheimnis/ Verborgenes/ Schweigen/ Verschlossenheit/ Unnahbarkeit/ Lernen/ Wissen/ Erkenntnis.

Was brauche ich noch? (Position 2 – Wolken)
Mehr Durchblick/ Zuversicht, dass sich der Nebel verzieht/ Leichtigkeit, um die Schwierigkeiten zu bewältigen.

Der nächste Schritt, dies tun/ Ratschlag (Position 3 – Lilie)
Sein inneres Gleichgewicht finden/ auf Ausgleich von Beruf und Privatleben achten/ für Ausgleich sorgen/ Harmonie schaffen/ Sinnlichkeit leben/ Dankbarkeit empfinden und ausdrücken/ Meditation praktizieren und die innere Mitte finden.

Bilanz ziehen und Verantwortung übernehmen (Position 5 – Herr)
Herausfinden, was man wirklich will/ seinen Willen für die richtige Sache einsetzen/ dort Ausdauer zeigen, wo es sich lohnt/ mit Durchhaltevermögen sein Ziel oder seinen Traum verfolgen und verwirklichen/ mutig für seine Ideale einstehen.

Deute ich nun den Zusammenhang im Bereich, zu den wertvollen Kontakten geführt zu werden (in der Selbstständigkeit – Zusammenhang mit dem Thema der Blockade), so sieht Burkhard noch nicht, dass auch in der Passivität oder auch darin, Wünschen und Träumen nachzuhängen, eine Möglichkeit darin liegt, zum Glücklich-Sein in der Selbstständigkeit zu finden. Zu den wahren Wünschen, was er an Kontakten und Verträgen haben möchte, was dort vielleicht sogar sein Lebenstraum ist. Dass er zu den richtigen Kontakten (Kunden, Verträgen) schon geführt wird. Dass er es einfach fließen lassen kann und es auf ihn zukommt bzw. auch Nachrichten und Kommunikation auf ihn zukommt.
Von den Gedanken her weiß Burkhard, dass er viel Wissen hat oder auch noch einiges verborgen in ihm schlummert und ebenfalls noch ins Fließen kommen kann. Doch er braucht noch die Zuversicht und die Leichtigkeit dabei. Wichtig ist nun, das innere Gleichgewicht zu finden und auch auf einen Ausgleich zwischen der Arbeit und dem Privatleben zu achten, alles in Balance zu halten, damit er sowohl im Bereich der Arbeit, aber auch in seinem Privatleben glücklich sein kann.
Auch hier liegt wieder mal in der Ruhe oder im Nichts-Tun letztendlich sein Weg oder auch seinen Traum zu finden, was er machen will und wofür er sich und seine Arbeitsintension einsetzt.

Als Ratschlag auf die 2 Deutungen würde ich sagen, dankbar zu sein für das, was schon da ist, und Verträge oder Verpflichtungen lösen, die nicht guttun und auf das innere Gleichgewicht achten. Auch Zeit fürs Privatleben haben und sich bei Kontakten und Verträgen auch einfach mal führen lassen, es auf sich zukommen lassen, was einem die geistige Welt ja möglicherweise auf den Weg schickt und wo es mehr mit seinen Wünschen, seinem Lebenstraum und seinem Glück zu tun hat und ihn in eine Zufriedenheit bringt. Momentan alles etwas lockerer und leichter nehmen und nicht verbissen nach neuen Aufträgen suchen, sondern den Dingen ihren Lauf lassen und abwarten, bis sie auf einen zukommen.

Weitere Produkte aus unserem Verlagsprogramm zum Thema „Kartenlegen lernen“

- Bücher
- Kartendecks
- Lern- und Deutungshilfen (Häuserschablonen, Lernkarten usw.)
- CDs (Software, MP3, Daten usw.)
- DVDs (Videos Kartenlegen)
- Beutel für Kartendecks

Unser Shopangebot erweitert sich ständig, bei Interesse einfach mal stöbern und einkaufen ...

www.angelina-schulze.com

Videos, Deutungserklärungen zu den Karten, Online-Kartenlegen sowie Verschiebetafeln findest du in meinem Blog zum Kartenlegen lernen. Außerdem kannst du dich auch zu einem **kostenlosen Coaching zum Kartenlegen lernen** anmelden. Ich habe ein **Starter-Paket** für dich zusammengestellt. Dort bekommst du ganz viele Tipps, Infos und Videos der Königsklasse zum Kartenlegen lernen und zur Lenormand-Deutung von mir, und das vollkommen **gratis**.

www.kartenlegenlernen.info
oder
www.lenormand-online24.de

Deine Fragen (zum Lernen der Kartendeutung) werden auch persönlich am Telefon beantwortet:

Noch Fragen zum Lernen und Deuten der Lenormandkarten?

Zeit für eine telefonische Lehrer-Schüler-Beratung. Für all deine Fragen und Probleme beim Kartenlegen lernen, die in den DVDs oder den Büchern unbeantwortet blieben, oder wo es einfach noch Klärung und näherer Informationen bedarf. Auch gern zur Kontrolle deiner eigenen Deutungsversuche für einzelne Karten, kleine Legungen oder in der großen Tafel. Du kannst jede Menge Fragen stellen und das alles zu einem Festpreis:

30 Min. für je 60,- € oder 60 Min. für je 120,- €

Einzelunterricht – Kartenlegen Lenormand lernen

4 Stunden (mit ca. 15 Min. Pause zwischendurch)

Einsteiger- oder Aufbaukurs oder individuelles Lernen.

In Lengede (Ortsteil: Klein Lafferde) = 440,- €

Oder auch am Telefon, mit 2 Terminen zu je 2 Stunden = 440,- €

Telefonkurs ab 8 Stunden = je Stunde 100,- € anstatt 120,- €

Telefonkurs ab 12 Stunden = je Stunde 90,- € anstatt 120,- €

2 Tagesseminare Kartenlegen Lenormand lernen (mit Einsteiger- und Aufbaukurs)
Jeweils 10 bis 18 Uhr. Ab 2 und bis 5 Teilnehmer.
Inkl. Lernunterlagen für zu Hause: 750,- €

Oder als Tagesseminar im Einzelunterricht mit 7 Stunden zu 700,- €

Intensive Ausbildung als Onlinekurs bzw. jetzt neu auch einzelne Lernlektionen als Video ohne Betreuung oder auch mit Betreuung auf deine Fragen.

Mehr Infos und Einblicke gibt es hier:

www.lenormand-online24.de

Zum **„Kartenlegen ausführlich erklärt"** gibt es inzwischen mehrere Bücherbände von Angelina Schulze.

Außerdem mehrere **CDs und DVDs** mit Deutungen und Erklärungen sowie die **Lenormandkarten** in verschiedenen Ausführungen.

Weitere Lernhilfen sind **Häuserschablonen, Legesysteme als Schablonen** und auch die **vertiefende Deutung als Legeschablone**.

Coaching mit den Lenormandkarten

Ja, auch ein Coaching oder eine besondere Art der Beratung ist mit den Lenormandkarten möglich. Oft kommen die Ratsuchenden mit Problemen und wollen eher wissen, wo die Ursache liegt bzw. der Ursprung, und was man tun kann, damit sich eine Situation oder ein Verhältnis zu einem Menschen bessern kann. Dass man den anderen besser versteht und konkrete Handlungsmöglichkeiten aufgezeigt bekommt. Also mehr eine Art Analyse, wo man gerade steht und dann aber mit Fokus darauf, was es für Lösungen gibt, was man eben konkret tun kann, um es zu verändern/ zu verbessern.

Hier setzt das Coaching an, welches du nun auch mit den Lenormandkarten anbieten kannst. Dies ist besonders für die Arbeit in einer Praxis geeignet, wo die Menschen direkt zu dir kommen und eine Hilfe, sprich eine Lösung, möchten, damit sich was verbessern kann. Also weg von der Zukunftsdeuterei und hin zur lösungsorientierten Analyse und dem Coaching. Am Telefon geht es natürlich auch.

Coaches oder auch gern Heilpraktiker nutzen dafür gern die Methode der Aufstellungen. So kann man Familienaufstellungen durchführen oder auch Themenaufstellungen und schauen, wie sich die Personen an ihren Plätzen fühlen, wie das Thema liegt und was an Infos dazu kommt. Hier nutzt man für gewöhnlich nun ein paar Menschen, die sich als Stellvertreter in der Aufstellung zur Verfügung stellen. Dies hat jedoch den Nachteil, dass man zu einer Coachingstunde im Grunde noch 10 weitere Personen dabeihaben muss, damit man auch genug Stellvertreter aufstellen kann.

In Einzelberatungen wird daher schon vermehrt zu Alternativen ausgewichen, wie z. B. ein Systembrett, Figuren oder Zettel, die man auf den Boden legt. Was auch wieder den Nachteil hat, dass diese nicht sprechen können und man viel selbst hineininterpretieren muss, dabei auf die Gefühle achten usw. Ich selbst habe das auch schon ausprobiert und war mir nie wirklich sicher, ob ich überhaupt was spüre, und wenn doch, ob es das Richtige ist. Auch eine Aufstellung mit ein paar Leuten brachte mir bei einem Familienthema keine Klarheit. Und so kam ich schließlich irgendwann zu meinen Karten und dachte, damit müsste es doch eigentlich auch gehen. Und ja, es funktioniert sogar viel besser und vor allem leichter als ursprünglich gedacht. Nach etlichen Experimenten und wundervollen AHA-Momenten entstand mein Deutungssystem für die Aufstellungen mit

den Lenormandkarten und mein schriftliches Werk in Form eines Buches dazu.
Dort wird alles ganz genau erklärt. Welche Karte welcher Stellvertreter sein kann, wie man das Vorgespräch mit dem Herausfinden der Stellvertreterkarten überhaupt macht, wie man sich eine eigene Aufstellung ruckzuck selbst zusammenbauen kann und vor allem dann auch deuten. Viele Beispiele runden das Ganze ab und machen ein sofortiges Nachmachen einfach und sogar Anfänger im Kartendeuten kamen damit gut zurecht.

Zur Erleichterung habe ich noch eine Schablone der Häuserplätze in Aufstellungen erstellt und auch Webinaraufzeichnungen, wo man in 2-3 Stunden eine intensive Aufstellung mit allen Erklärungen und Deutungsschritten von mir mitverfolgen kann. Mit Stand Januar 2017 gibt es derzeit 4 solcher Videos mit Aufstellungsbeispielen von mir.

Ein Video mit einer Länge von 60 Min. habe ich sogar kostenfrei auf YouTube, wobei ich es auf 4 Stücke zu je 15 Min. aufgeteilt habe und die Nachbesprechung mit meiner Kundin halt nicht dabei ist. Jedoch zeigt das Video sehr schön die Deutungsschritte bei Aufstellungen und was damit möglich ist. Noch intensiver ist es in den anderen Aufzeichnungen, die so ca. 2,5 Stunden lang sind.

Ich plane für eine Aufstellung immer 90 bis 120 Min. ein. Wenn ich Lernvideos daraus mache oder Webinare, wo ich ja noch mehr zu den Schritten erkläre und auch Fragen von Teilnehmern beantworte, kommen daher schnell 2 bis 3 Stunden zusammen. Doch so kann man prima von zu Hause aus lernen, wie es funktioniert und es danach nachmachen und darüber staunen, was man dann selbst alles erkennen kann.

Wenn dich diese interessante Arbeit mit den Karten nun neugierig gemacht hat, dann schau dir ruhig meine 4 kostenlosen Teile an.

Zu finden gleich hier: ***www.lenormand-online24.de/aufstellung***

Das Buch und die Lernhilfen dazu gibt es in meinem Onlineshop unter:

www.angelina-schulze.com

Und dann einfach in die Kategorie Aufstellungen gehen.

Kartenlegen ausführlich erklärt – Band 7
Familienaufstellungen und Themen-Aufstellungen
(eignet sich für Kartendecks mit 36 und 40 Lenormandkarten)

ISBN 978-3-943729-11-5

Noch eine Art, dich bei Beratungen zu spezialisieren, ist es, mit den Karten eine Rückführung in ein früheres Leben zu machen.

Dies kann man rein aus Neugier tun, um mal zu sehen, wer man mal war, wie man gelebt hat usw. Du kannst es zwar nicht direkt überprüfen, aber interessant ist es allemal. Oft zeigen sich auch Parallelen zu unserem heutigen Leben, denn meist liegen Ursachen viel weiter zurück, als mancher glaubt.

Und schon setzt auch wieder eher ein Coaching ein bzw. kommen bei der Person, für die man die Rückführung macht, so Dinge ans Licht, die man als Karma-Aufgabe mitgebracht hat und die es nun zu lösen gilt, damit das Thema heilen kann. Zu schauen, wo eine Ursache liegt, die man im heutigen Leben einfach nicht finden kann und welches Schicksal damit verbunden ist.

Beispiel: Eine Frau hat vielleicht unerklärliche Angst vor Hunden, wurde aber ihr ganzes Leben lang nie von einem Hund gebissen oder hat nie irgendwelche Angst auslösenden Momente mit einem Hund erlebt. Der Ursprung muss also in einem früheren Leben liegen, anders lässt es sich nicht erklären.

Schaut man mit der Intention, nun die Rückführung auszulegen, die die Ursache sichtbar machen soll, so kommt dort vielleicht so etwas Ähnliches vor:
Im früheren Leben war sie ein Mann, der früh gestorben ist, weil ein Hund ihn gebissen hat und ihn so schwer verletzte, dass er daran gestorben ist. Dann trägt diese Seele möglicherweise noch diese Angstmomente mit dem Hund als tief vergrabene Erinnerung mit sich herum.
Mit der Erkenntnis und der Deutung im Kartenbild kann die Frau nun damit abschließen. Man könnte auch in der Legung um das Kreuz (Karte 36) deuten, um zu sehen, wo das Karma in diesem Leben liegt und wie die Frau es nun heute auflösen kann. Auch sehr interessant, muss man einfach mal ausprobiert haben.

Wie die Karten speziell in einer Rückführung gedeutet werden und die große Tafel dort mit allen Deutungsschritten funktioniert, das zeige ich dir ganz ausführlich in meinem Buch Band 8. Zu finden auch wieder in meinem Shop unter: ***www.angelina-schulze.com***

Kartenlegen ausführlich erklärt – Band 8
Rückführungen in frühere Leben
(eignet sich für Kartendecks mit 36 und 40 Lenormandkarten)

ISBN 978-3-943729-12-2

Königsklasse im Kartendeuten mit Spezialdeutungen

Als Königsklasse in den Lenormandkarten sehe ich neben dem Anwenden der vertiefenden Deutung auch die ganz besonderen Themen und ganz speziellen Zuordnungen von weiteren Deutungsmöglichkeiten.

Es ist z. B. sehr schön, wenn man zum Abschluss der Beratung dem Ratsuchenden noch ein oder zwei Engel als Wegbegleiter nennen kann und bei welchem Thema sie einem gerade zur Seite stehen. Auch das kann man wunderbar mit den Lenormandkarten beantworten. Hierzu habe ich jeder der 36 (40) Lenormandkarten die Engeldeutung zugeordnet und auch die Möglichkeit, es in schnellen kleinen Legungen zu deuten oder halt zum Abschluss auch in der bereits ausliegenden großen Legung.

Wenn dich dieses Spezialthema „Engel im Lenormand“ interessiert, dann findest du all mein Wissen darüber in meinem Buch und der beiliegenden Deutungsschnellübersicht (DIN-A4-Blatt beidseitig farbig bedruckt und laminiert – nass abwischbar).

Die Deutung der Engel in den 36 und 40 Lenormandkarten
Königsklasse Kartenlegen lernen Teil 1
(DIN-A4-Buch und DIN-A4-Beilage mit Deutungsübersicht)

ISBN 978-3-943729-33-7

Ein weiteres Spezialthema ist die Erweiterung des Deutungsbereiches Gesundheit/ Krankheit, wo man schauen kann, welche Heilungsmethode es optimal unterstützen könnte oder welche Bachblüten und Schüssler-Salze gut wären. Hier habe ich all diese Zusatzdeutungen mit ihren Zuordnungen im DIN-A4-Buch Teil 2 aufgeschrieben und ebenfalls noch die Schnellübersichten dazu erstellt. Auch Legebeispiele zeigen die direkte Anwendung dieser Zusatzdeutungen.

Lenormand-Deutung Spezial mit Bachblüten, Schüssler-Salzen,
Heilmethoden und dem Thema Gesundheit/ Krankheit
in den 36 und 40 Lenormandkarten
Königsklasse Kartenlegen lernen Teil 2
(DIN-A4-Buch und DIN-A4-Beilagen mit Deutungsübersichten)

ISBN 978-3-943729-35-1

Und weil es einfach so viel Freude macht, mich kreativ und mit neuen Deutungsmöglichkeiten in den Karten zu beschäftigen, habe ich noch weitere Zusatzdeutungen gefunden und diese als umfangreiches 202 Seiten umfassendes DIN-A4-E-Book zusammengestellt und die Beilagen dazu gedruckt.

Ich nenne dieses Set „Goldpaket Lenormand", denn es ist wirklich Goldes wert, mit all den vielen Deutungsmöglichkeiten, welche die Lenormandkarten zu bieten haben. Das Set besteht aus:

10 beidseitig bedruckten DIN-A4-Übersichtsblättern = 20 farbige Schnellübersichten mit den Deutungen
(auf stabilem Karton, matte Schutzschicht = nass abwischbar)

und das PDF auf CD verschickt (enthält das E-Book mit allen Deutungserklärungen zu den Übersichtsblättern)

Das E-Book Gesamt-Band 1 bis 11 enthält 202 DIN-A4-Seiten.

Das Set enthält die folgenden Deutungsthemen in den Lenormandkarten:

- Engel
- Edelsteine
- Bachblüten
- Welches Mittel/ Methode bringt Heilung ...
- Schüssler-Salze
- Gesundheitliche Entwicklung und Körperaspekte
- Spirituelle Entwicklung und spirituelles Talent
- Gegenstände, Objekte
- Bereiche, wenn man z. B. etwas verloren hat
- Räume
- Personen = Frauen, Männer, Kinder und Größe, Figur, Haarfarbe, Alter
- Personen = Charakter und Sternzeichen

Auf den nächsten 3 Seiten noch mal ein Auszug zu Karte 4 (Haus) mit all den Spezialdeutungen, die auch im Gold-Paket enthalten sind.

Karte 4 – Das Haus

Tipp – Antworten:

- Ich sehe ein Haus. Hier könnte ich wohnen oder auch jemanden besuchen.
- Es sieht nach einem Familienhaus bzw. privaten Haus aus.
- Ein Haus im Grünen, es steht allein, geschützt und stabil.
- Ein Haus steht auf einem festen Fundament.
- Ein Haus ist für eine lange Zeit gebaut, möglichst dauerhaft bzw. lebenslang.
- Der Herzkönig ist ein Mann mit Herz = herzlich, liebevoll.

Daraus ergeben sich folgende Deutungsmöglichkeiten:

- Karte für Fragen nach der Familie, dem Privatleben und dem Zuhause, also da, wo ich wohne (egal ob Wohnung, Haus u. Ä.).
- Schutz, Stabilität, Sicherheit.
- Festes Fundament oder auch eine Basis ist geschaffen, auf die man lange bauen kann.
- Der Herzkönig ist bei mir ein Mann, den ich in mein Herz geschlossen habe, also bei Fragen nach dem Geliebten nehme ich diese Karte. Ansonsten auch ein Mann, der eben positiv, herzlich ist oder auf das Alter bezogen auch ca. gleich alt wie die fragende Person.

Als Zeitaussage: Dauerhaft, langfristig, ggf. für viele Jahre.
Ein Haus wird für sehr lange gebaut, man möchte es ja für immer haben.

Gesundheitlich:
Gesundheitszustand ist stabil, eine gute Basis.
Ein Haus ist stabil und hat eine gute, feste Basis/ Fundament, worauf es gebaut worden ist.

Körperaspekt: Der ganze Körper.
Das Haus, in dem ich gesundheitlich wohne, ist mein Körper.

Spirituelle Entwicklung:
Karmische Ursprungswurzeln, mediales Haus, gutes Fundament bzw. Stabilität in diesem Bereich.
Ein Haus ist stabil und hat eine gute, feste Basis/ Fundament, worauf es gebaut worden ist. Durch die Grundmauern auch ein Hinweis auf den Ursprung.

Spirituelles Talent:
Ein Medium sein, Familienaufstellungen, Ahnenforschung.
Das Haus steht ja auch für die Familie, und wer in sich zu Hause ist, kann auch ein gutes Medium sein.

Personenkarte:
Guter, herzlicher Mann.
Ca. gleich alter Mann.
Geliebter (wenn nach dem Geliebten gefragt wird).
Durch den Herzkönig, der sich ebenfalls auf dieser Karte befindet.

Charakter:
Sesshaft, stabil, häuslich, traditionell, gemütlich, Familienmensch, Privatleben ist sehr wichtig, standhaft, solide, bodenständig.
Das Haus ist stabil und standhaft. Es bietet mir und meiner Familie ein Zuhause. Hier findet mein Privatleben statt.

Alter: Ca. gleich alt wie die fragende Person.
Durch die Herz-Skatkarte, die sich ebenfalls auf dieser Karte befindet.

Figur: Dick.
Ein Haus bietet sehr viel Platz.

Größe: Groß.
Ein Haus ist groß.

Haarfarbe: Rot oder braun.
Die Farbe der meisten Hausdächer.

Sternzeichen: Stier, Jungfrau, Steinbock.
Erdzeichen, da ein Haus auf festem Boden gebaut wird.

Engel:
Erzengel Chamuel – Bei Spannungen in der Familie.
Engel Melchizedek – Für die Heilung des Körpers.
Das Haus steht für den ganzen Körper und für die Familie.

Bachblüte: Nr. 26 Rock Rose – Standhaftigkeit, Geistesgegenwart.
Das Haus ist stabil und standhaft, und wenn ich in meinem Haus bin, dann bin ich in dem Moment auch in meiner Gegenwart.

Welches Mittel/ Methode bringt Heilung: Ganzheitliche Medizin.
Das Haus als Ganzes steht ja auch für den ganzen Körper = ganzen Menschen.

Edelsteine:
Bergkristall – Stimuliert die Selbstheilungskräfte des Körpers.
Das Haus steht für den ganzen Körper.

Schüssler-Salze:
Stabilität – Nr. 9, 10 und 11.
Kräftehaushalt, wer sich verausgabt oder auch seine Kräfte zurückhält, den seelischen und physischen Bereich rein halten – Nr. 8.
Das Haus als stabile und kräftige Bausubstanz.

Räume: Dachboden.
Hier in Anlehnung an das Dach des Hauses.

Bereiche z. B., wenn man etwas verloren hat:
Zu Hause, im privaten Bereich.
Das Haus für das Zuhause oder den familiären, also privaten Bereich.

Gegenstände, Objekte:
Sehr privater, familiärer oder eckiger Gegenstand, Möbel, Wohnung, Zimmer, Immobilie.
Im Haus stehen Möbel und es gibt Zimmer. Das Haus selbst ist eine Immobilie. Durch die Deutung der Familie und des Privatlebens gehört der Gegenstand in diesen Bereich und ein Haus hat 4 Ecken/ Mauern.

Königsklasse im Kartendeuten mit besonderen Legungen

Zu den besonderen Legungen gehören für mich bestimmte Fragen in der Lebensberatung, die man am besten mit einer Speziallegung beantworten kann. Oft sind es Fragen nach dem Highlight des Jahres, psychologische Themen, wie z. B. Ängste, Blockaden und wie man loslassen kann. Auch, wo unser Schatten liegt und was sich schon auf unserer Lichtseite befindet, ist ein spannendes Legethema. Chakrenlegung, Karmalegung oder wie sieht mein Lebensweg, meine Berufung aus und weitere Legungen dieser Art zählen für mich ebenfalls dazu.

So habe ich bereits im Jahr 2016 damit begonnen, die Buchreihe zu erweitern, um zu jeder Speziallegung ein eigenes Büchlein zu schreiben.

Da mich die Highlight-Legung am meisten fasziniert hatte und neue Betrachtungen der Lenormandkarten hervorholte, habe ich dann genau mit diesem Band begonnen. Beim Highlight werden nämlich mal alle Karten ausschließlich positiv gedeutet. Also auch die eigentlich negativen Karten bekommen eine neue Sicht auf die Deutung. Denn wie jede Münze 2 Seiten hat, so kann auch jede Karte 2 Seiten haben und somit positiv und negativ betrachtet werden.

Ein Beispiel dazu habe ich in meinem Blog veröffentlicht. Dort wird das Legesystem in einem Video erklärt. Gern auch zum Mitdeuten:

www.lenormand-online24.de/blog-highlight

Im Buch (Band 9) werden alle 8 Positionen um die Themenkarte Sonne (= Highlight) ausführlich erklärt bzw. direkt zum Nachlesen angeboten. So kann auch ein Anfänger sofort mit dieser Legung starten. Einfach nach dem kleinen Legesystem die 8 Karten um die Sonne legen oder alternativ auch in der großen Tafel um die Sonne deuten. Zur Erleichterung sind im Buch noch 15 Beispiele zum Nachvollziehen drin, die zeigen, wie einfach diese Legung gedeutet werden kann. Und wer es schnell mag, legt eben aus und liest die Positionen einfach im Buch nach und schon ist die Antwort auf das Highlight fertig und trotzdem sehr informativ und intensiv ausgefallen.

Kartenlegen ausführlich erklärt – Madame Lenormand trifft Angelinas Highlight-Legung

Band 9 zur Königsklasse Kartenlegen lernen mit den Lenormandkarten (eignet sich für Kartendecks mit 36 und 40 Lenormandkarten)

ISBN 978-3-943729-50-4

Extrabonus: Ein weiteres intensives 30 Min. Deutungsbeispiel zur Highlight-Legung gibt es exklusiv hier:

www.lenormand-online24.de/bonus-highlight2017

Inspiriert davon, dass jede Karte 2 Deutungsrichtungen hat, wollte ich nun auch mal alle Lenormandkarten negativ deuten und kam zu dem Entschluss, dass dies unsere Schattenseite sein könnte, während die positiven Deutungen für die Lichtseite in uns stehen können. So entstand die Speziallegung Licht und Schatten, wo ich auch einen Blogbeitrag mit einem interessanten Beispiel für dich erstellt habe. Einfach Video anschauen und staunen, wie zuverlässig und treffend die Karten die Situation beschreiben, den Schatten zeigen und auch die Lichtseite zum Thema.

www.lenormand-online24.de/bonus-licht-schatten

Kartenlegen ausführlich erklärt – Lenormand-Deutung in der Legung Licht und Schatten

Band 10 zur Königsklasse Kartenlegen lernen mit den Lenormandkarten (eignet sich für Kartendecks mit 36 und 40 Lenormandkarten)

ISBN 978-3-943729-50-4

Die erweiterte Buchreihe ist geplant für 2017/2018

Band 12 bis voraussichtlich Band 17 zur Königsklasse Kartenlegen lernen mit den Lenormandkarten:

Kartenlegen ausführlich erklärt – Madame Lenormand trifft Angelinas Chakra-Legung
Band 12

Kartenlegen ausführlich erklärt – Madame Lenormand trifft Angelinas Karma-Legung
Band 13

Kartenlegen ausführlich erklärt – Lenormand-Deutung in der Legung Lebensweg erkennen
Band 14

Kartenlegen ausführlich erklärt – Lenormand-Legung Ursache, die Deutung zeigt, wer, wo, was und wie verändern
Band 15

Kartenlegen ausführlich erklärt – Lenormand-Deutung in der Legung meine Vision, meine Ziele
Band 16

Kartenlegen ausführlich erklärt – Lenormand-Deutung in der Legung Ängste
Band 17

Weitere Lernhilfen ...

... mit denen du bequem von zu Hause aus im Selbststudium das Kartendeuten lernen kannst und so zu einem sicheren und helfenden Kartenleger/in wirst!

Kartenlegen ausführlich erklärt –
Die Karten und kleinen Legungen
Band 1 zu den Lenormandkarten
ISBN: 978-3-943729-00-9 zu 24,95 €

Kartenlegen ausführlich erklärt – Die große Tafel
Band 2 zu den Lenormandkarten
ISBN: 978-3-943729-01-6 zu 27,95 €

Kartenlegen ausführlich erklärt – Die Kombinationen
Band 3 zu den Lenormandkarten
ISBN: 978-3-943729-02-3 zu 29,95 €

Kartenlegen ausführlich erklärt – Das Arbeitsbuch
Band 4 zu den Lenormandkarten
ISBN: 978-3-943729-03-0 zu 25,95 €

Kartenlegen ausführlich erklärt –
Noch mehr Deutungsmöglichkeiten
Band 5 zu den Lenormandkarten
ISBN: 978-3-943729-04-7 zu 23,95 €

Kartenlegen ausführlich erklärt – Deutungen und Legungen mit den 40 mystischen Lenormandkarten
Band 6 zu den Lenormandkarten
ISBN: 978-3-943729-19-1 zu 22,95 €

Kartenlegen ausführlich erklärt –
Mind-Maps zu Angelinas 40 mystischen Lenormandkarten
46 farbig bedruckte Seiten in Spirale gebunden
EAN: 4280000292650 zu 22,95 €

Kartenlegen ausführlich erklärt –
Das Deuten der Lenormandkarten lernen (DVD mit 133 Min.)
ISBN: 978-3-00-019706-2 zu 33,50 €

DVD 2 Kartenlegen ausführlich erklärt –
Die Aufbaustufe Lenormand (DVD mit 127 Min.)
ISBN: 978-3-00-021588-9 zu 34,50 €

DVD 3 Kartenlegen ausführlich erklärt –
Die kleinen Legungen Lenormand (DVD mit 170 Min.)
EAN: 4280000292216 zu 39,95 €

DVD 4 zum Kartenlegen lernen und die 36 Lenormandkarten in der großen Tafel deuten
4 große Legungen zum Lernen und Mitdeuten (182 Min.)
EAN: 4280000292728 zu 69,00 €

DVD 5 zum Kartenlegen lernen und die Lenormand-Deutung der 40 mystischen Lenormandkarten in der großen Tafel
Webinaraufzeichnungen mit 5 großen Legungen (7 Stunden 17 Min.)
EAN: 4280000292735 zu 99,00 €

DVD 6 Themen – Aufstellungen zur Arbeit und Krankheit mit Karten
2 Webinaraufzeichnungen für die Spezialberatung Aufstellungen mit Karten (ca. 5 Stunden)
EAN: 4280000292742 zu 49,00 €

Angelinas 40 mystische Lenormandkarten
36 + 4 Ergänzungskarten + 9 Karten mit Motiven zum Tauschen
Beidseitig laminiert (abwischbar)
2. Auflage - EAN: 4280000292551 zu 16,95 €

Angelinas 40 mystische Beginner-Lenormandkarten
36 + 4 Ergänzungskarten + 9 Karten mit Motiven zum Tauschen, beidseitig laminiert. Für einen leichteren Start in die Kartendeutung direkt mit Deutungstexten auf der Karte
EAN: 4280000292902 zu 16,95 €

Lenormandkarten Königsklasse
36 + 4 Ergänzungskarten + 1 Karte mit Blickrichtung Fuchs zum Tauschen. Beidseitig laminiert (abwischbar)
EAN: 4280000292797 zu 18,95 €

Lenormandkarten Königsklasse
36 + 4 Ergänzungskarten + 3 Karten (Dame, Herr, Fuchs) zum Tauschen. Beidseitig laminiert (abwischbar)
EAN: 4280000292797 zu 19,95 €

Kartenlegen mit Angelinas 80 Lenormand-Tarot-Wahrsagekarten
Begleitbuch inkl. Kartendeck (= 80 Karten)
EAN: 4280000292476 zu 34,95 €

Kontakt zur Autorin Angelina Schulze

Ich bin gern als deine Ausbildnerin im Kartenlegen lernen für dich da. Sei es telefonisch, persönlich bei mir im Seminarbereich oder auch in der Onlineausbildung, wo du die Kurse jederzeit mit Zugang über E-Mail und Passwort machen kannst. Ich beantworte all deine Fragen beim Lernen der Kartendeutung und betreue dich so lange, bis du es kannst. Für Beratungen bitte ich dich, mit Andrea in Kontakt zu treten, da mein Schwerpunkt im Unterrichten liegt und damit ich auch genügend Zeit habe, um alle Lernwilligen zu betreuen.

www.kartenlegenlernen.info

www.angelina-schulze.com

E-Mail: Angelina.Schulze@gmx.de

E-Mail: kartenlegen@angelina-schulze.com

Facebook Kartenlegen lernen:
http://www.facebook.com/kartenlegenlernen123

Facebook Privat: https://www.facebook.com/angelina.schulze1

YouTube: https://www.youtube.com/user/Kartenlegenlernen123

Kontakt zur Autorin Andrea Rosenthal

Mein spiritueller Weg begann mit den Tarotkarten, die mir widerspiegelten, wie es um mein Seelenheil bestellt war. Nachdem ich die Ausbildungen zur psychologischen Beraterin und Reiki-Lehrerin absolviert hatte, entschloss ich mich, auch in die Welt des Lenormand einzutauchen und fand nach einigem Suchen und Ausprobieren zu Angelina Schulzes Lenormandwissen. Sie hat mich mit ihrer Deutungsweise vollkommen überzeugt und mitgenommen auf eine Reise, die immer spannender und vielfältiger wird.
Mein Anliegen, wenn ich mit den Karten arbeite, ist es, Situationen transparent zu machen. Darzulegen, was gerade da ist, um dann lösungsorientiert Möglichkeiten aufzuzeigen, die mehr zu einer Harmonisierung einer Lebenssituation beitragen können. So verstehe ich die Arbeit mit den Karten, denn an erster Stelle steht die Selbstverantwortung, die jeder selbst für sich ergreifen muss, um seine eigenbestimmte Zukunft zu gestalten.
Da mir der psychologische Hintergrund sehr wichtig dabei ist, war es eine interessante Erfahrung für mich, an dem vorliegenden Buch über Blockaden und das Loslassen zu arbeiten. So ist es zu diesem Buch gekommen und ich freue mich über die respektvolle und kreative Zusammenarbeit mit Angelina.

Wenn ihr über mich und meine Arbeit mehr erfahren möchtet, dann besucht mich auf **www.reiki-tor.de**.

oder auch **auf Facebook**: https://www.facebook.com/ReikiTor

Facebook Privat: https://www.facebook.com/andrea.rosenthal.33

1 Gedanken / Gefühle zum Thema.	**2** Was brauche ich noch?	**3** Der nächste Schritt, dies tun / Ratschlag.
4 Was sehe ich nicht?	**Thema, worum es bei den Blockaden geht.** *Hinweis:* In der großen Tafel um den Berg (Karte 21) deuten.*	**5** Dies kann man tun, um die Angelegenheit zu klären.
6 Was blockiert mich? Was ist das Problem?	**7** Da wird von außen geholfen, unterstützt.	**8** Die Lösung der Blockade

1 Gedanken / Gefühle zum Thema.	**2** Was brauche ich noch?	**3** Der nächste Schritt, dies tun / Ratschlag.
4 Was sehe ich nicht?	**Thema, worum es beim Loslassen geht.** *Hinweis:* *In der großen Tafel um die Hand (Karte 40) deuten.*	**5** Bilanz ziehen und Verantwortung übernehmen.
6 Was schon da ist, woran ich festhalte oder was mich festhält.	**7** Da wird von außen geholfen, unterstützt.	**8** Die Erleichterung, das positive Resultat des Loslassens.

FSC
www.fsc.org
MIX
Papier | Fördert
gute Waldnutzung
FSC® C083411